Salahddine Krit

Dominar estratégias de negociação avançadas:SMC e ICT

Salahddine Krit

Dominar estratégias de negociação avançadas:SMC e ICT

ScienciaScripts

Imprint

Cover image: www.ingimage.com

This book is a translation from the original published under ISBN 978-620-7-47998-6.

Publisher:
Sciencia Scripts
is a trademark of
Dodo Books Indian Ocean Ltd. and OmniScriptum S.R.L publishing group

120 High Road, East Finchley, London, N2 9ED, United Kingdom
Str. Armeneasca 28/1, office 1, Chisinau MD-2012, Republic of Moldova, Europe
Printed at: see last page
ISBN: 978-620-8-33072-9

Tabela de materiais

Introdução ao SMC e ao comércio de TIC

Os mercados financeiros são frequentemente comparados a um campo de batalha onde uma vasta gama de participantes compete para ganhar vantagem. Duas abordagens distintas - Smart Money Concepts (SMC) e Inner Circle Trader (ICT) - destacam-se pelo facto de se centrarem nos mecanismos e comportamentos subjacentes que impulsionam os movimentos do mercado institucional. Ambos os conceitos assentam na convicção de que a compreensão das estratégias dos actores institucionais, ou "smart money", oferece o melhor ponto de vantagem para uma negociação lucrativa.

Tanto a SMC como a ICT foram desenvolvidas com base num princípio único e transformador: as grandes instituições financeiras e os fundos de cobertura controlam a maior parte da liquidez do mercado e, por conseguinte, impulsionam os movimentos de preços. O "smart money" conta com quantidades significativas de capital, estratégias sofisticadas e algoritmos próprios para influenciar as tendências do mercado. Ao descodificar e alinhar-se com estes movimentos, os pequenos investidores podem seguir as intenções institucionais em vez de se oporem a elas.

Esta exploração exaustiva do SMC e das TIC abrangerá

1. Estrutura do mercado
2. Pools de liquidez e Stop Hunts
3. Bloqueios de ordens e lacunas de valor justo
4. Teoria do tempo e dos preços
5. Porquê comercializar as SMC e as TIC?

1. Estrutura do mercado: A base do SMC e das TIC

Compreender a estrutura do mercado é fundamental para negociar com a SMC e a ICT. Envolve a identificação do estado atual do mercado - quer seja tendência, variação ou inversão - e o reconhecimento dos níveis críticos de preços que marcam uma mudança de direção.

- **Swing Highs e Lows**: Os máximos e mínimos de oscilação são pontos fulcrais em que o mercado se desloca temporariamente contra a tendência. Numa tendência de subida, os máximos e mínimos mais elevados definem a estrutura, enquanto que numa tendência de descida, prevalecem os mínimos e máximos mais baixos. Saber como identificar estas oscilações ajuda os investidores a definir a tendência e a localizar os melhores pontos de entrada.

- **Quebras de estrutura (BOS)**: O BOS marca o momento em que o mercado faz uma transição, sinalizando que uma potencial inversão ou continuação da tendência pode estar a decorrer. Por exemplo, uma BOS numa tendência de subida ocorre quando um preço não consegue criar um máximo mais elevado e, em vez disso, forma um máximo mais baixo, indicando frequentemente o início de uma tendência de descida. Os operadores de SMC e ICT procuram estas quebras estruturais como sinais para potenciais pontos de entrada e saída.
- **Fases do mercado**: Os mercados movem-se tipicamente em fases - acumulação, aumento, distribuição e redução. As instituições utilizam as fases de acumulação e distribuição para reunir liquidez antes de iniciarem movimentos de preços significativos. A compreensão destas fases permite que os operadores da SMC e da ICT entrem no mercado quando o smart money está ativo, aumentando a probabilidade de negociações lucrativas.

2. Pools de liquidez e Stop Hunts: O motor do movimento de preços

No contexto das PME e das TIC, os pools de liquidez representam áreas onde se reúnem as ordens stop-loss dos pequenos operadores. As instituições necessitam de liquidez para executar eficazmente as suas ordens de grande dimensão, e estes pools constituem uma fonte valiosa.

- **Pools de liquidez**: Os investidores de retalho colocam frequentemente ordens de paragem de perda perto dos principais níveis de suporte e resistência. Estas áreas atraem dinheiro inteligente, uma vez que podem gerar a liquidez necessária para que as instituições tomem grandes posições sem criar derrapagem excessiva. Os traders da SMC e da ICT têm como objetivo identificar estes pools para antecipar onde as ordens institucionais podem ser executadas.
- **Caça aos stops**: Por vezes, o "smart money" conduz o preço para acionar estas paragens intencionalmente - uma estratégia conhecida como "stop hunt". Ao empurrar o mercado para além dos níveis previsíveis, as instituições podem varrer

a liquidez e manipular o mercado a seu favor. Os operadores de TIC e SMC procuram essas acções de stop-hunting como pontos de entrada de alta probabilidade, alinhando as suas transacções com as instituições depois de a liquidez ter sido recolhida.

3. Bloqueios de ordens e lacunas no valor justo: As pegadas da negociação institucional

Os blocos de ordens e as lacunas de justo valor são conceitos críticos em SMC e ICT, oferecendo uma visão sobre a colocação de ordens institucionais.

- **Blocos de ordens**: Estas são áreas onde ocorrem compras ou vendas significativas, muitas vezes marcadas por fortes movimentos para longe desse nível. Numa tendência de baixa, os blocos de ordens de baixa formam-se onde grandes ordens de venda são agrupadas, criando resistência. Numa tendência de alta, os blocos de ordens de alta indicam áreas de apoio. Os operadores da SMC e da ICT analisam estes blocos como zonas de potenciais inversões ou continuações.
- **Lacunas de valor justo (FVGs)**: Estes gaps ocorrem quando o preço se move rapidamente, deixando um vazio ou desequilíbrio onde as ordens permanecem não preenchidas. Quando o preço regressa a estes gaps, indica uma oportunidade para os intervenientes institucionais cumprirem essas ordens, sinalizando frequentemente uma inversão ou continuação. Os operadores da SMC e da ICT utilizam os FVGs como potenciais pontos de entrada ou saída com base no desequilíbrio deixado pelas instituições.

Por exemplo, se o preço subir abruptamente, deixando um intervalo de valor justo, pode mais tarde voltar a cair para este nível, dando às instituições a oportunidade de cumprirem as suas ordens. Os operadores de SMC e ICT capitalizam este retrocesso para se posicionarem em linha com o smart money.

4. Teoria do tempo e dos preços: Como as instituições podem controlar o tempo do mercado

A teoria do tempo e do preço do ICT combina um timing ótimo com níveis de preços chave, enfatizando que nem todas as horas de negociação são igualmente significativas. As instituições são tipicamente mais activas durante sessões de mercado específicas, criando períodos previsíveis de volatilidade.

- **Sessões e horários chave**: Certas horas do dia, como o London Open, o New York Open e o New York Close, coincidem com o aumento da atividade institucional. Por exemplo, durante a abertura de Londres, as instituições europeias adicionam liquidez, causando movimentos de preços notáveis. Ao alinhar as transacções com estas sessões, os operadores da SMC e da ICT aumentam as suas hipóteses de entrar nos momentos em que as instituições estão a influenciar ativamente o mercado.
- **Altos e baixos diários**: A teoria das TIC enfatiza ainda que os preços gravitam frequentemente em torno dos máximos ou mínimos do dia anterior, especialmente durante as sessões activas. Isto cria óptimas oportunidades de negociação, uma vez que as instituições procuram frequentemente eliminar a liquidez a estes níveis antes de retomarem a sua direção preferida.

Ao utilizar a teoria do tempo e do preço, os operadores da SMC e da ICT concentram-se em entrar no mercado quando os intervenientes institucionais estão mais activos, ajudando-os a maximizar a eficácia da negociação e a reduzir a exposição a condições de mercado desfavoráveis.

5. Porquê fazer comércio utilizando a CMS e as TIC?

A adoção dos princípios da CMS e das TIC oferece aos comerciantes retalhistas vantagens únicas, alinhando as suas estratégias com a agenda institucional. Eis porque é que estas abordagens se destacam:

- **Compreensão mais profunda da psicologia do mercado**: Em vez de se basearem em indicadores de atraso ou em padrões de gráficos tradicionais, os operadores da

SMC e da ICT desenvolvem uma compreensão das forças subjacentes que impulsionam os movimentos de preços. Esta perspetiva permite que os investidores tomem decisões mais informadas, vendo o mercado do ponto de vista do smart money.

- **Melhoria da gestão do risco**: A precisão com que os conceitos SMC e ICT definem os pontos de entrada e saída conduz a níveis de stop-loss mais apertados e a objectivos mais bem definidos. Ao utilizar estratégias como entrar depois de um BOS ou perto de pools de liquidez, os investidores podem limitar a sua exposição ao risco enquanto procuram configurações de maior probabilidade.
- **Maior consistência**: Negociar com SMC e ICT traz estrutura e previsibilidade à abordagem de um negociador. O reconhecimento da estrutura do mercado, dos objectivos de liquidez e das zonas institucionais minimiza a aleatoriedade e aumenta a consistência das transacções lucrativas.

Implementação do SMC e das TIC: Uma visão geral prática

Pôr em prática a SMC e as TIC exige disciplina e uma abordagem estruturada. Aqui está uma abordagem prática para executar estes princípios na negociação em tempo real:

1. **Identificar a estrutura do mercado**: Comece por avaliar a tendência e a estrutura do mercado em vários períodos de tempo. Confirme a tendência geral e localize potenciais pontos de quebra de estrutura para determinar se a tendência é suscetível de continuar ou inverter.
2. **Localizar pools de liquidez e níveis institucionais**: Utilizar dados históricos para encontrar áreas com elevado potencial de liquidez, tais como máximos ou mínimos recentes. Estes níveis são os alvos frequentes dos jogadores institucionais, pelo que a sua compreensão ajuda os investidores a antecipar o próximo passo do "smart money".
3. **Marcar blocos de ordens e lacunas de valor justo**: Destacar áreas onde os movimentos de preços criaram desequilíbrios ou onde grandes ordens foram agrupadas. Aguardar retrocessos para estas zonas para alinhar as entradas com a atividade institucional.

4. **Monitorizar os principais horários de negociação**: Alinhe as transacções com as horas de pico de negociação institucional (por exemplo, Londres ou Nova Iorque) e observe a ação dos preços perto dos máximos e mínimos diários. Esta abordagem garante que as transacções coincidam com períodos de maior volatilidade, aumentando a probabilidade de um movimento de preços favorável.
5. **Planear entradas, paragens e saídas com precisão**: Assim que uma configuração se alinhar com a estrutura do mercado, zonas de liquidez e níveis institucionais, entre com paragens e objectivos claramente definidos. A precisão na execução leva a uma abordagem de negociação disciplinada.

Em resumo, os quadros de negociação SMC e ICT fornecem uma metodologia avançada para compreender e navegar nos mercados financeiros. Ao centrarem-se nos comportamentos institucionais - como a orientação para a liquidez, a análise da estrutura do mercado e o momento dos movimentos de preços - os investidores ganham um conjunto de ferramentas sólido para interpretar a ação dos preços.

Ao contrário da análise técnica tradicional, que muitas vezes se baseia em indicadores de atraso, a SMC e a ICT oferecem uma perspetiva de futuro, em que os investidores trabalham para descodificar as intenções institucionais e alinhar as suas transacções em conformidade. Esta mudança de mentalidade permite que os comerciantes de retalho negoceiem com uma abordagem mais estratégica e orientada para os dados, ajudando-os a navegar nas complexidades do mercado e a minimizar a exposição ao risco.

À medida que a SMC e as TIC continuam a ganhar força, servem como abordagens inestimáveis para os operadores que pretendem evoluir de uma negociação reactiva baseada em padrões passados para uma negociação proactiva baseada na psicologia do mercado e na perceção institucional.

Capítulo 1: O poder dos conceitos Smart Money (SMC)

1. Introdução à SMC e ao seu objetivo na negociação

Os Smart Money Concepts (SMC) alteram fundamentalmente a forma como os pequenos investidores abordam o mercado. Ao compreenderem e tirarem partido das estratégias utilizadas pelos intervenientes institucionais, os pequenos investidores podem alinhar as suas decisões com as forças maiores do mercado. Este capítulo tem como objetivo dissecar os princípios fundamentais dos SMC, dotando os investidores de um quadro robusto para a execução de transacções com maior confiança e precisão.

Principais benefícios da SMC:

- **Precisão**: Ao concentrarem-se em níveis de preços específicos - como blocos de ordens e pools de liquidez - os operadores podem melhorar as suas estratégias de entrada e saída.
- **Gestão de risco**: O SMC ensina os investidores a identificar configurações de alta probabilidade, reduzindo o risco de movimentos adversos de preços.
- **Consistência**: Os princípios do SMC aplicam-se a diferentes condições de mercado, permitindo que os investidores adaptem as suas estratégias conforme necessário.

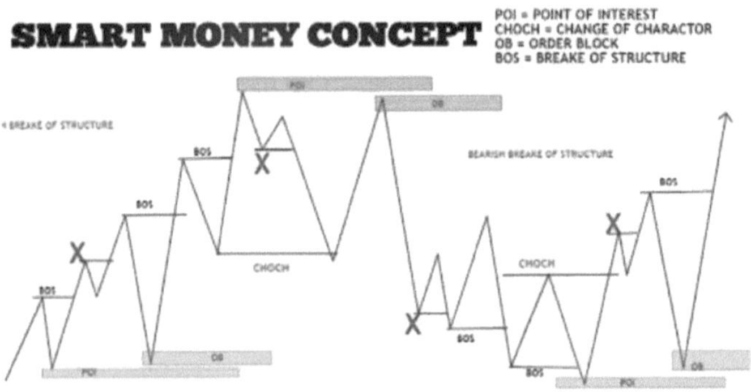

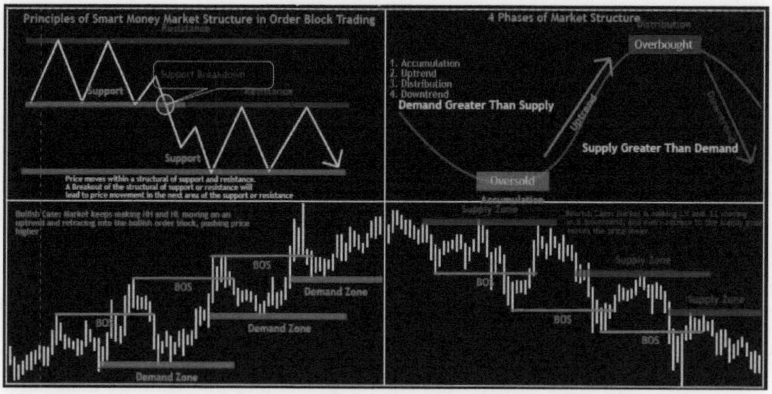

Figura 1: Visão geral dos conceitos de Smart Money

2. Os principais componentes do SMC

2.1 Estrutura do mercado

Compreender a estrutura do mercado é essencial para reconhecer os movimentos de preços e as potenciais inversões.

- **Tipos de estruturas de mercado**:
  - **Estrutura de mercado em alta**: Caracterizada por uma série de máximos mais altos (HH) e mínimos mais altos (HL).
  - **Estrutura de mercado em baixa**: Definida por máximos mais baixos (LH) e mínimos mais baixos (LL).

Exemplo de estruturas de alta e de baixa:

- Numa estrutura de alta, depois de identificar um HL, os investidores podem esperar pelo próximo recuo para entrar em posições longas, esperando que a tendência continue.

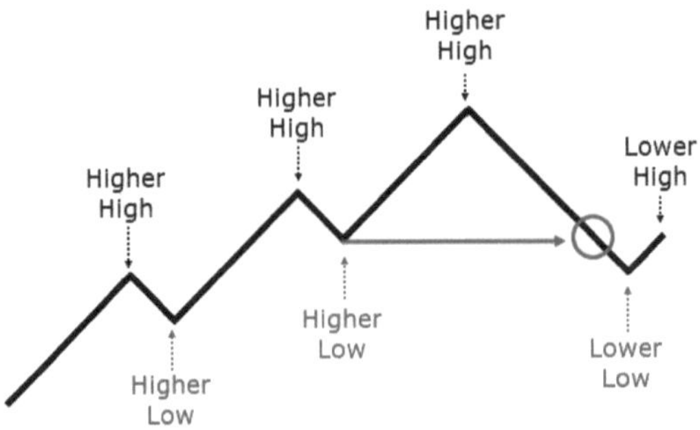

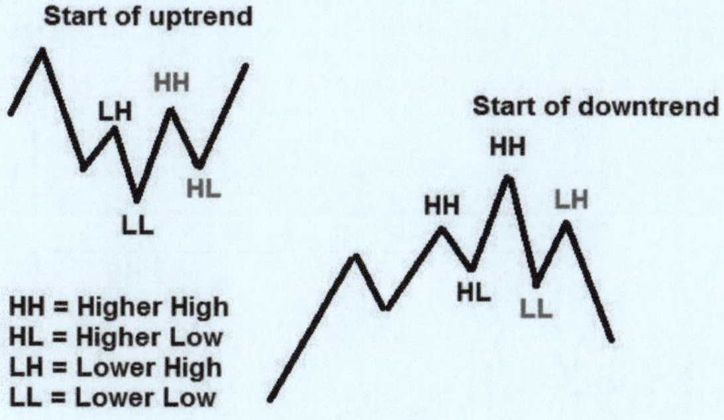

Figura 2: Visualização da estrutura do mercado

Ilustração: Um gráfico de preços com oscilações rotuladas mostrando máximos e mínimos mais altos para uma estrutura de mercado em alta, juntamente com máximos e mínimos mais baixos para uma estrutura em baixa.

- **Quebra de estrutura (BOS)**: Isto indica uma mudança na direção da tendência e é fundamental para os comerciantes SMC. Um fecho acima de um máximo anterior ou abaixo de um mínimo anterior pode sinalizar que uma tendência está a inverter-se.

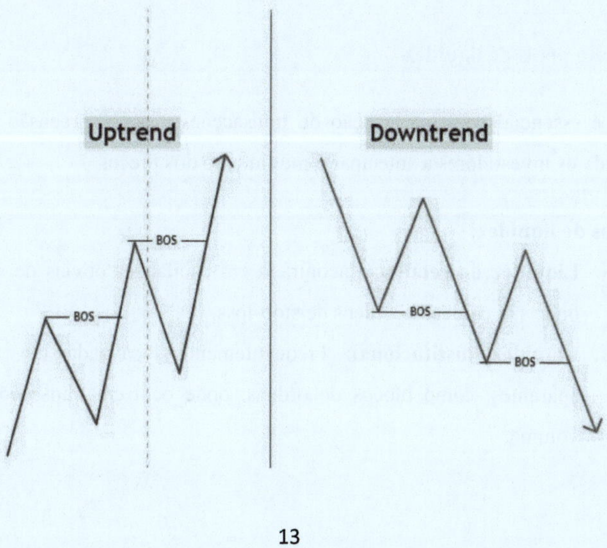

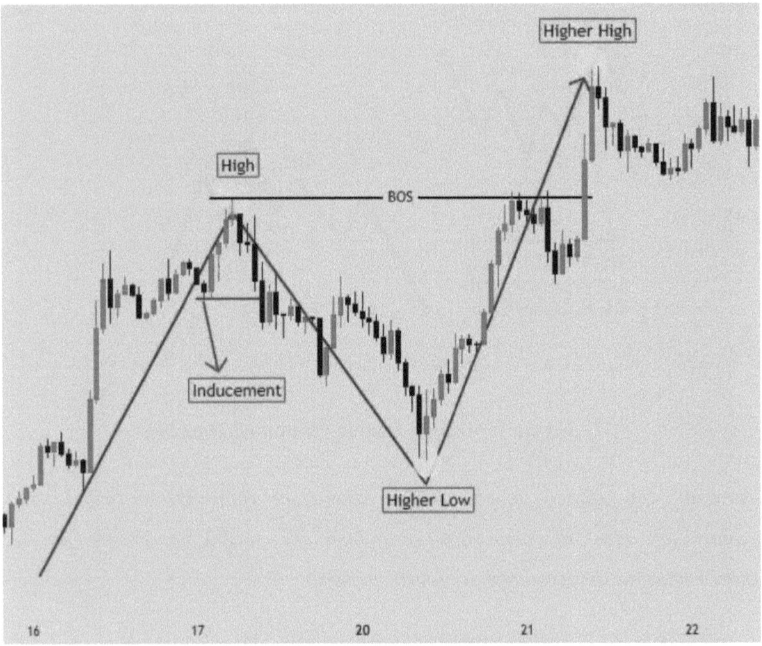

Figura 3: Exemplo de quebra de estrutura

Ilustração: Um gráfico de preços que apresenta um BOS, indicando o ponto em que uma tendência é suscetível de se inverter.

2.2 Liquidez e pools de liquidez

A liquidez é essencial para a execução de transacções e a compreensão dos pools de liquidez ajuda os investidores a antecipar o movimento dos preços.

- **Tipos de liquidez**:
  - **Liquidez de retalho**: Encontrada em oscilações óbvias de altos e baixos onde são colocadas ordens de stop-loss.
  - **Liquidez institucional**: Frequentemente localizada em zonas menos aparentes, como blocos de ordens, onde ocorrem transacções de grande volume.

Exemplo de pool de liquidez:

- As instituições podem visar pools de liquidez para executar grandes transacções sem causar uma derrapagem significativa dos preços. Um movimento de preços em direção a um pool de liquidez conduz frequentemente a um rápido movimento do mercado.

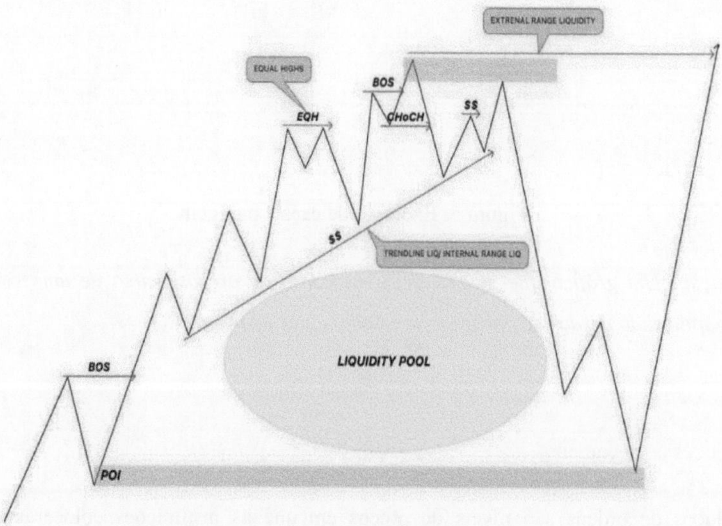

Figura 4: Ilustração de pools de liquidez

Ilustração: Um gráfico de preços que destaca áreas de pools de liquidez, mostrando onde os comerciantes institucionais podem absorver liquidez.

- **Ordens Stop Hunts**: As instituições accionam frequentemente ordens stop-loss para obter liquidez para as suas transacções. Reconhecer este padrão permite que os comerciantes SMC se posicionem de forma vantajosa.

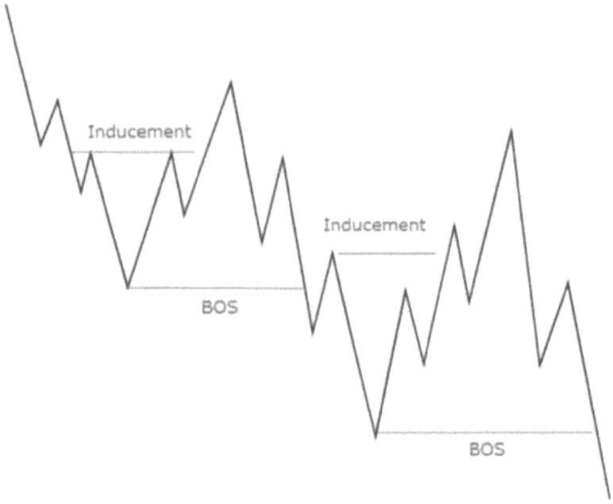

Figura 5: Exemplo de caça à paragem

Ilustração: Um gráfico que mostra uma varredura de preços acima de uma oscilação alta, capturando perdas de paragem de retalho antes de inverter.

2.3 Blocos de encomenda

Os blocos de ordens são níveis de preços em que as instituições colocaram ordens significativas, conduzindo a um futuro apoio ou resistência.

- **Identificação de blocos de ordem**:
    - **Bloco de ordens de alta**: A última vela de baixa antes de um forte movimento de alta indica interesse de compra institucional.
    - **Bloco de ordens de baixa**: A última vela de alta antes de um forte movimento de baixa sinaliza a venda institucional.

Exemplo de negociação com blocos de ordens:

- Depois de identificar um bloco de ordens de alta, um trader pode entrar em posições longas quando o preço recua para esse nível, esperando um salto devido a compras institucionais.

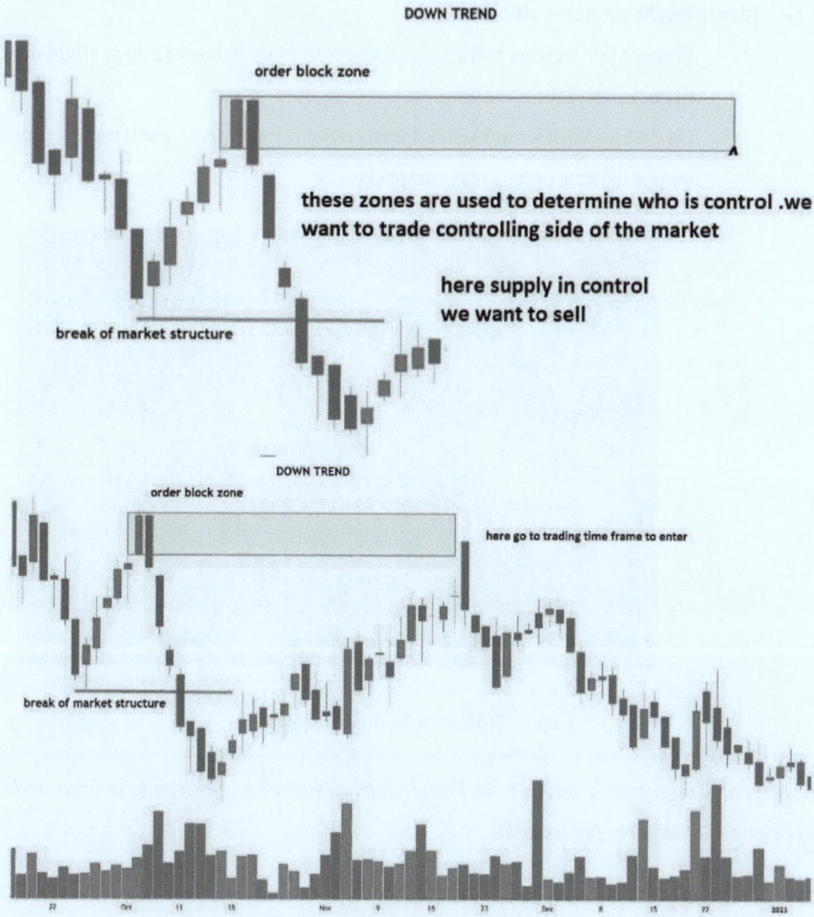

Figura 6: Ilustração de bloco de encomenda

Ilustração: Um gráfico de preços com blocos de ordens etiquetados, mostrando como o preço reage ao atingir estes níveis.

2.4 Desequilíbrios e diferenças de justo valor (FVGs)

Os desequilíbrios ocorrem quando o preço se move demasiado depressa, deixando lacunas. Estes "Fair Value Gaps" são importantes, uma vez que funcionam frequentemente como ímanes para o movimento dos preços.

- **Identificação de desequilíbrios**:
    - Procure por lacunas entre velas consecutivas onde houve pouca atividade de negociação.
    - Os desequilíbrios representam áreas em que é provável que o preço regresse para satisfazer ordens não cumpridas.

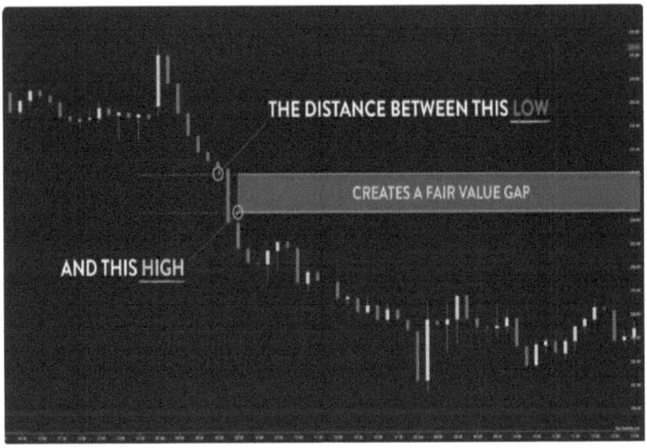

Figura 7: Ilustração do desequilíbrio

Ilustração: Um gráfico com os Fair Value Gaps destacados, mostrando a área onde o preço pode voltar a ser preenchido.

Exemplo de negociação com desequilíbrios:

- Quando o preço cria um FVG, os investidores podem antecipar um retrocesso para esse intervalo, permitindo-lhes entrar numa transação a um preço mais favorável.

3. A vertente psicológica da SMC

Compreender a psicologia subjacente à negociação institucional pode melhorar a abordagem de um trader.

3.1 Reconhecer a manipulação do mercado

As instituições manipulam o preço para desencadear stop losses de retalho, criando liquidez para as suas próprias transacções. Reconhecer este comportamento é crucial para os operadores de SMC.

- **Exemplo de manipulação do mercado**:
  - Antes de um grande movimento de alta, as instituições podem empurrar os preços para baixo para desencadear as perdas de stop dos comerciantes retalhistas. Isto cria liquidez para as instituições comprarem a preços mais baixos.

3.2 Disciplina e paciência

A adoção de uma mentalidade institucional implica um exercício de disciplina e de paciência.

- **Exemplo de negociação disciplinada**:
  - Em vez de comprar impulsivamente durante uma quebra, um investidor SMC espera por um retrocesso para um bloco de ordens de alta, aumentando a probabilidade de uma transação bem sucedida.

4. Aplicações práticas da SMC em diferentes condições de mercado

A SMC é adaptável, fornecendo estratégias para várias condições de mercado.

4.1 Negociação de tendências com SMC

Num mercado em tendência, a SMC dá ênfase à manutenção da dinâmica.

- **Exemplo de transação**: Depois de identificar uma tendência de alta e localizar um bloco de ordens de alta, os comerciantes podem entrar enquanto o preço respeitar este nível.

Figura 8: Exemplo de negociação de tendências

4.2 Contra-tendência e Range Trading

Nos mercados de gama limitada, o SMC centra-se nos pools de liquidez nos extremos.

- **Exemplo de transação**: Os investidores podem entrar em transacções em varreduras de liquidez nos máximos e mínimos do intervalo, utilizando blocos de ordens para confirmação.

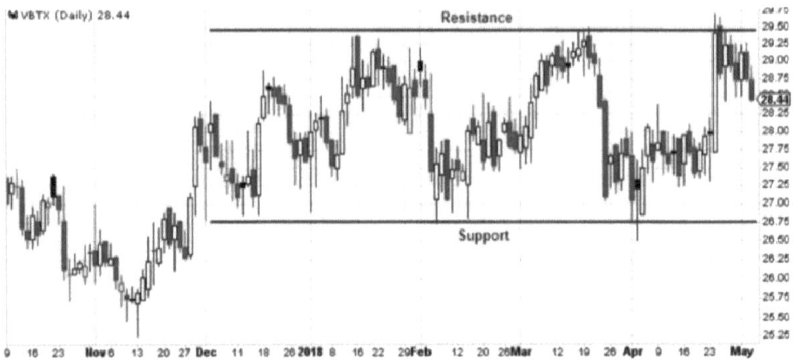

Figura 9: Exemplo de negociação de intervalos

Ilustração: Um gráfico que representa um mercado de gama limitada com pools de liquidez identificados, mostrando potenciais pontos de entrada e saída.

5. Combinação de conceitos SMC para precisão e eficiência

Os elementos SMC devem ser utilizados em conjunto para uma eficácia máxima.

- **Exemplo de configuração de comércio**:
  1. Identificar uma tendência de alta e localizar um bloco de ordens de alta.
  2. Confirmar um BOS e procurar um desequilíbrio na zona.
  3. Entrar no bloco de ordens com um stop-loss apertado, visando o pool de liquidez seguinte.

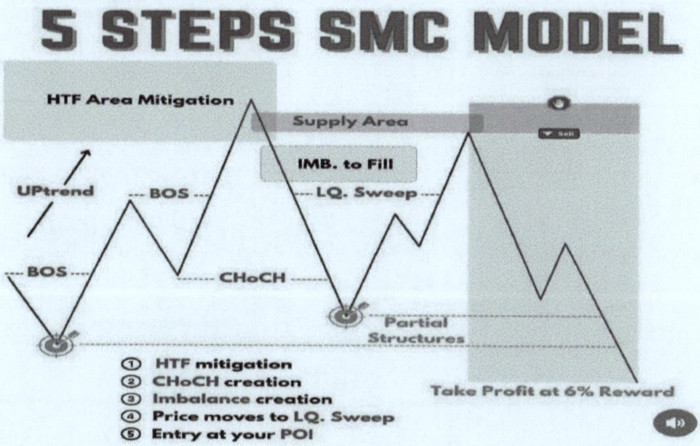

Figura 10: Estratégia SMC combinada

6. Estudos de casos reais de SMC em ação

Os estudos de caso ilustram a eficácia do SMC em cenários comerciais reais.

- **Exemplo de tendência de alta**: Uma análise de um gráfico que mostra múltiplos aspectos de blocos de ordens de alta, demonstrando como o preço regressa repetidamente a estes níveis.

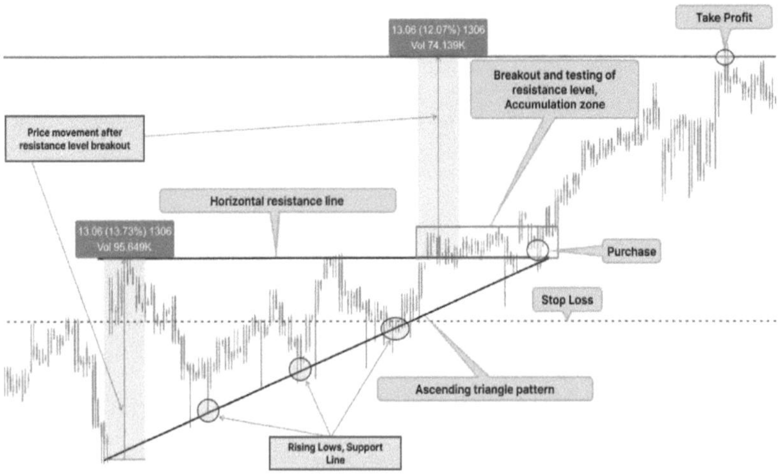

Figura 11: Estudo de caso de tendência de alta na vida real

7. O futuro das SMC e a evolução da dinâmica do mercado

À medida que os mercados mudam, a SMC continua a adaptar-se. A introdução da negociação algorítmica e da IA exige que os profissionais de SMC aperfeiçoem continuamente os seus métodos.

- **Aprendizagem contínua**: O envolvimento com novas ferramentas e técnicas ajuda os comerciantes a ajustar as suas estratégias para se alinharem com a dinâmica atual do mercado.

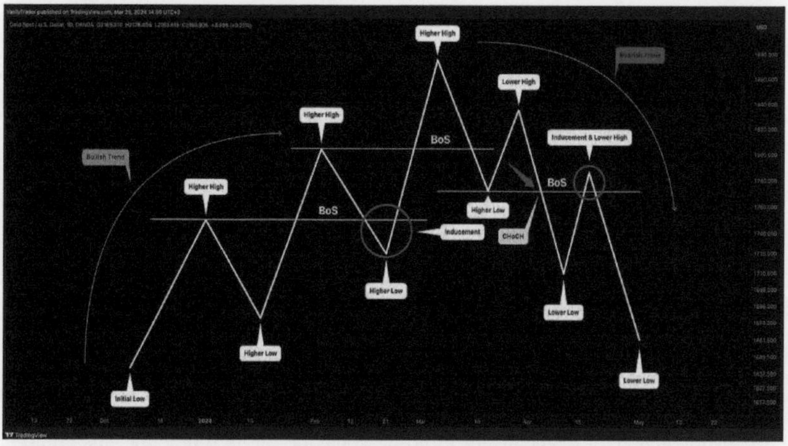

Figura 12: Tendências futuras em SMC

Secção 2: Conceitos avançados de Smart Money (SMC)

1. **Zonas de oferta e de procura**

- **Compreender os princípios básicos das zonas de oferta e procura**: Oferecer uma explicação detalhada das zonas de oferta e procura, incluindo o seu papel na SMC e como diferem dos níveis tradicionais de suporte e resistência.
- **A Formação de Zonas de Oferta e Procura**: Discutir como as zonas de oferta e procura são formadas pelas actividades dos grandes operadores institucionais. Explicar o processo de criação de zonas, incluindo as fases de acumulação e distribuição que conduzem a movimentos de preços significativos.
- **Técnicas de identificação de zonas de oferta e procura**: Fornecer instruções passo a passo sobre como identificar e desenhar zonas de oferta e procura num gráfico. Discutir a importância da força, tamanho e relevância da zona e como estes factores afectam as decisões de negociação.
- **Técnicas avançadas de identificação de zonas**: Introduzir métodos mais avançados para identificar zonas de oferta e procura, tais como a utilização de análise de volume, fluxo de ordens e análise multi-timeframe. Discutir como confirmar a validade de uma zona e evitar sinais falsos.
- **Estratégias de negociação utilizando zonas de oferta e procura**: Explore várias estratégias para negociar em torno de zonas de oferta e procura, tais como entrar em transacções quando o preço revisita uma zona, utilizando sinais de confirmação e gerindo transacções com base na força da zona. Fornecer exemplos detalhados de como estas estratégias podem ser aplicadas em diferentes condições de mercado.
- **Combinar a oferta e a procura com outros conceitos de SMC**: Discutir como as zonas de oferta e procura podem ser combinadas com outros princípios SMC, tais como blocos de ordens e pools de liquidez, para criar configurações de negociação de alta probabilidade. Forneça exemplos e gráficos para ilustrar estas estratégias combinadas.
- **Estudos de caso e exemplos do mundo real**: Inclua vários estudos de caso que mostrem transacções bem sucedidas baseadas em zonas de oferta e procura. Descreva cada exemplo passo a passo, destacando o processo de análise e execução.

- **Conclusão e principais conclusões**: Recapitular o papel crítico que as zonas de oferta e procura desempenham na SMC, enfatizando a sua importância na previsão de reversões e continuações do mercado.

2. O papel do tempo na SMC

- **A importância do tempo na negociação**: Discutir o papel crítico que o tempo desempenha na negociação, incluindo a influência de diferentes sessões de negociação, fusos horários e o momento dos anúncios económicos. Explicar como a compreensão dos ritmos e ciclos do mercado é crucial para a SMC.
- **Calendarização das entradas e saídas de transacções**: Fornecer técnicas para a calendarização de entradas e saídas de transacções com base em factores relacionados com o tempo, tais como sobreposições de sessões de negociação, anúncios económicos importantes e o momento da atividade institucional. Discutir a importância de alinhar as transacções com as condições de mercado corretas.
- **Utilização de indicadores baseados no tempo em SMC**: Introduzir indicadores baseados no tempo, tais como perfis de volume de sessão, médias móveis ponderadas no tempo e ciclos de tempo, e discutir como podem ser utilizados para aumentar a precisão das estratégias SMC. Fornecer exemplos de como estes indicadores podem ser aplicados em cenários de negociação reais.
- **Estratégias avançadas de tempo**: Explorar estratégias avançadas que combinam a análise de tempo com outros conceitos SMC, tais como o fluxo de ordens e pools de liquidez, para identificar configurações de negociação de alta probabilidade. Discutir a importância de compreender o timing do mercado em diferentes classes de activos e como este conhecimento pode levar a melhores decisões de negociação.
- **O Impacto do Tempo na Manipulação do Mercado**: Discutir como as instituições usam o tempo a seu favor, manipulando o mercado em alturas chave, tais como aberturas e encerramentos de sessões e eventos económicos importantes. Dê exemplos de como reconhecer e capitalizar estas tácticas de manipulação.
- **Estudos de caso e exemplos do mundo real**: Inclua vários estudos de caso que demonstrem a importância do timing na negociação de SMC. Analise cada exemplo para mostrar como o timing desempenhou um papel crítico no sucesso da transação.
- **Conclusão e principais conclusões**: Recapitular a importância do tempo no SMC, enfatizando que a compreensão e o domínio de estratégias baseadas no tempo podem aumentar significativamente o sucesso comercial.

3. Tácticas de Manipulação do Mercado

- **Introdução à Manipulação de Mercados**: Definir manipulação de mercado e sua importância no comércio institucional. Discutir as várias formas de manipulação, tais como "stop hunts", falsas rupturas e compressão de preços, e explicar como as instituições utilizam estas tácticas para criar liquidez e mover o mercado a seu favor.
- **Detetar padrões de manipulação**: Oferecer técnicas detalhadas para identificar padrões de manipulação, tais como anomalias de ação de preços, picos de volume invulgares e divergências entre preços e indicadores. Fornecer exemplos e gráficos para ilustrar estes padrões.
- **Como evitar cair numa armadilha de manipulação**: Discutir estratégias para evitar as armadilhas comuns dos comerciantes de retalho criadas pelos intervenientes institucionais. Fornecer diretrizes sobre como reconhecer e evitar estas armadilhas, tais como evitar negociar perto de eventos noticiosos importantes ou durante períodos de baixa liquidez.
- **Usar a manipulação a seu favor**: Explorar estratégias para lucrar com a manipulação do mercado, negociando na direção do smart money após a ocorrência da manipulação. Discutir como utilizar sinais de confirmação, tais como volume e fluxo de ordens, para entrar em transacções com jogadores institucionais.
- **Técnicas Avançadas de Manipulação**: Introduzir conceitos mais avançados, tais como compreender a psicologia por detrás da manipulação, reconhecer as fases da manipulação e utilizar padrões de manipulação em conjunto com outros princípios SMC para criar configurações de negociação de alta probabilidade.
- **Estudos de caso e exemplos do mundo real**: Incluir vários estudos de caso que demonstrem como a compreensão e a negociação em torno da manipulação do mercado conduziram a transacções bem sucedidas. Descreva cada exemplo passo a passo, destacando o processo de análise e execução.

Conclusão e principais conclusões:

Conclusão

Os Smart Money Concepts (SMC) oferecem aos investidores de retalho uma abordagem sofisticada à negociação, analisando e seguindo as pegadas de jogadores institucionais ou "smart money" que controlam a maior parte da liquidez do mercado. Ao contrário dos métodos tradicionais de análise técnica que podem basear-se em indicadores de atraso, o SMC baseia-se na compreensão da estrutura do mercado, da liquidez e dos comportamentos institucionais que influenciam os movimentos dos preços. O SMC alinha os comerciantes de retalho com as intenções das grandes instituições, ajudando-os a evitar armadilhas comuns como falsas rupturas e negociação reactiva.

O núcleo da SMC reside na interpretação de estratégias de negociação institucionais - com foco em zonas de liquidez, blocos de ordens e o momento dos movimentos de preços - para que os operadores possam colocar ordens ao lado do smart money e não contra ele. Esta abordagem tem como objetivo melhorar as entradas nas transacções, a gestão do risco e a rentabilidade global, posicionando as transacções em zonas de elevada probabilidade, onde o mercado tem o potencial de produzir retornos significativos. Em suma, o SMC equipa os investidores com uma compreensão mais profunda do "porquê" por detrás dos movimentos de preços, transformando a sua estratégia numa estratégia baseada na estrutura, no timing e na precisão.

Principais conclusões

1. **A estrutura do mercado é fundamental**
   Reconhecer a estrutura do mercado é o primeiro passo na negociação SMC. Compreender a tendência, localizar quebras de estrutura (BOS) e analisar oscilações de altos e baixos ajudam os negociadores a determinar para onde o preço tem maior probabilidade de ir, preparando o terreno para transacções de maior probabilidade.
2. **Pools de liquidez e Stop Hunts**
   As instituições visam pools de liquidez onde se encontram ordens de stop-loss de retalho. Ao identificar estas zonas, os investidores podem prever onde o preço

pode ser manipulado antes de ser estabelecida uma verdadeira direção do mercado. A compreensão destas áreas melhora o momento e a exatidão das entradas de negociação.

3. **Bloqueios de ordens e lacunas de justo valor**
   Os blocos de ordens e as lacunas de valor justo são marcadores cruciais deixados pela atividade de negociação institucional. Estas zonas destacam onde foram colocadas ordens significativas, oferecendo áreas de elevada probabilidade para entradas e saídas de transacções. Os negociadores da SMC utilizam estes níveis para se alinharem com as intenções institucionais.
4. **Teoria do tempo e dos preços**
   O momento das transacções na SMC é tão importante como os níveis de preços. As instituições tendem a operar em alturas específicas do dia, como a abertura dos mercados de Londres e Nova Iorque. Ao negociar durante estas horas de maior atividade, os investidores aumentam as suas hipóteses de captar movimentos de preços significativos.
5. **Perspetiva Institucional para Negociadores de Retalho**
   O SMC oferece aos negociadores de retalho uma mentalidade institucional, ensinando-os a pensar como grandes jogadores. Em vez de reagir ao ruído do mercado, os comerciantes SMC planeiam com base na análise estrutural, tornando-se uma abordagem proactiva e sistemática à negociação.
6. **Gestão de Risco e Precisão Melhoradas**
   A negociação SMC centra-se em pontos de entrada e saída precisos, permitindo stop losses mais apertados e objectivos mais bem definidos. Ao alinhar as transacções com os movimentos institucionais, a negociação SMC reduz naturalmente a exposição ao risco e aumenta a probabilidade de sucesso.

Considerações finais

A abordagem SMC é uma estrutura poderosa para os investidores que procuram ir além das estratégias tradicionais baseadas em indicadores. Ao concentrar-se na estrutura do mercado, na dinâmica da liquidez e nos fluxos de ordens institucionais, a SMC equipa os investidores com uma abordagem disciplinada e estruturada à negociação que enfatiza o alinhamento com os maiores intervenientes do mercado. Com o SMC, os comerciantes de retalho ganham uma vantagem estratégica, permitindo-lhes negociar com maior confiança, clareza e consistência.

Secção 3: Integração do SMC num plano de negociação

Desenvolver uma estratégia de negociação com o SMC

- **A importância de um plano de negociação**: Discutir o papel crítico de um plano de negociação bem definido para alcançar o sucesso a longo prazo. Explicar como um plano de negociação fornece estrutura, disciplina e um roteiro para uma tomada de decisão consistente.
- **Construir uma estratégia de negociação com SMC**: Oferecer um guia passo-a-passo para desenvolver uma estratégia de negociação baseada nos princípios SMC. Discutir a importância de alinhar a estratégia com a estrutura do mercado, o fluxo de ordens e os níveis-chave.
- **Incorporar a gestão de riscos**: Salientar a importância da gestão do risco na negociação, incluindo a forma de definir perdas de paragem adequadas, dimensionamento de posições e gestão de rácios de risco/recompensa. Fornecer exemplos de como o SMC pode ajudar a identificar configurações de negociação de baixo risco e alta recompensa.
- **Fazer backtesting e aperfeiçoar a sua estratégia**: Discutir a importância do backtesting e do refinamento de uma estratégia de negociação para garantir a sua eficácia. Fornecer diretrizes sobre como fazer backtesting de uma estratégia utilizando dados históricos e como fazer ajustes com base nos resultados.
- **O papel da psicologia da negociação**: Explorar os aspectos psicológicos da negociação, incluindo a forma como emoções como o medo, a ganância e o excesso de confiança podem afetar as decisões de negociação. Discutir estratégias para gerir estas emoções e manter a disciplina na negociação.
- **Criar um diário de negociação**: Discutir a importância de manter um diário de negociação para acompanhar o progresso, identificar padrões e melhorar o desempenho. Fornecer exemplos do que incluir num diário de negociação, tais como configurações de negociação, detalhes de execução e análise pós-negociação.
- **Estudos de caso e exemplos do mundo real**: Incluir estudos de casos de traders que desenvolveram e executaram com sucesso estratégias de negociação baseadas nos princípios do SMC. Descreva as suas estratégias, destacando os elementos-chave que contribuíram para o seu sucesso.

- **Conclusão e principais conclusões**: Recapitular os pontos-chave do capítulo, enfatizando a importância de um plano de negociação bem definido, gestão de risco e psicologia de negociação para alcançar o sucesso a longo prazo com SMC.

Conclusão:

- **Recapitulação dos conceitos-chave**: Resumir os conceitos-chave abordados no livro, incluindo a estrutura do mercado, níveis-chave, pools de liquidez, fluxo de ordens institucionais, zonas de oferta e procura, timing e manipulação do mercado.
- **O caminho para o domínio**: Discutir a jornada para dominar o SMC, incluindo a importância da aprendizagem contínua, da prática e da adaptação às mudanças nas condições do mercado. Enfatize que tornar-se proficiente em SMC é um compromisso de longo prazo que requer dedicação e perseverança.
- **O futuro do SMC e da negociação**: Explorar o futuro da negociação e a forma como a SMC continuará a evoluir com os avanços tecnológicos, as alterações do mercado e as novas ferramentas de negociação. Discutir os potenciais desafios e oportunidades que os comerciantes poderão enfrentar no futuro.
- **Palavras finais de encorajamento**: Oferecer palavras finais de encorajamento aos leitores, enfatizando que o domínio do SMC pode levar a melhorias significativas no sucesso comercial, mas requer paciência, disciplina e um compromisso com a aprendizagem contínua.
- **Próximos passos para o leitor**: Fornecer orientações sobre os próximos passos para os leitores que pretendam continuar a sua jornada no domínio do SMC, incluindo recursos recomendados, leitura adicional e exercícios práticos para reforçar os seus conhecimentos.
- **Conclusão e considerações finais**: Terminar com uma conclusão forte que reforce o valor da SMC na negociação e o potencial que tem para os investidores que estão dispostos a esforçar-se para dominar estes conceitos.

Capítulo 2: Estratégias de negociação de TIC

Introdução às estratégias de negociação das TIC

Visão geral do comércio de TIC

As estratégias de negociação ICT (Inner Circle Trader) centram-se na interpretação da forma como os investidores institucionais ou "smart money" operam nos mercados. Ao contrário das estratégias de retalho que muitas vezes se baseiam em indicadores padrão, as abordagens TIC dão prioridade a uma compreensão da estrutura do mercado, zonas de liquidez e ação de preços para se alinharem com os fluxos institucionais. O objetivo da negociação de TIC é evitar armadilhas comuns como falsas rupturas e capturar transacções de alta probabilidade que alavancam os movimentos de preços institucionais.

Porque é que o comércio de TIC oferece uma vantagem estratégica

A negociação em TIC permite que os pequenos investidores adoptem uma abordagem profissional à dinâmica do mercado, melhorando o conhecimento da forma como a liquidez é gerida e manipulada. Este método ajuda os investidores a identificar potenciais armadilhas, como a caça à liquidez, e a alinhar-se com a dinâmica das grandes instituições.

Figura 1.1: Comparação das perspectivas institucional e de retalho

Secção 1: Principais conceitos e ferramentas das TIC

Compreender a estrutura do mercado

A estrutura do mercado é a espinha dorsal da análise de TIC, ajudando os investidores a compreender as tendências através do seguimento dos padrões de preços altos e baixos. Esta base permite aos operadores de TIC identificar as fases do mercado e ajustar as suas estratégias com base na direção da tendência ou no potencial de inversão. Por exemplo, os máximos e mínimos mais elevados indicam uma tendência de subida, enquanto os máximos e mínimos mais baixos revelam uma tendência de descida.

Identificar os altos e baixos do swing

Os máximos e mínimos de oscilação são pontos de referência essenciais, marcando áreas de potencial apoio e resistência. Estes pontos não só indicam a força da tendência, como também destacam as zonas de liquidez onde os intervenientes institucionais podem visar grupos de ordens stop-loss de retalho para gerar liquidez.

Pools de liquidez e o seu impacto

Os pools de liquidez reúnem-se em torno de áreas como os máximos e mínimos recentes, onde residem grupos de ordens stop-loss. Estas zonas são atractivas para os operadores institucionais, que muitas vezes conduzem o preço para estes níveis para ativar os stops e gerar a liquidez necessária para as suas grandes ordens.

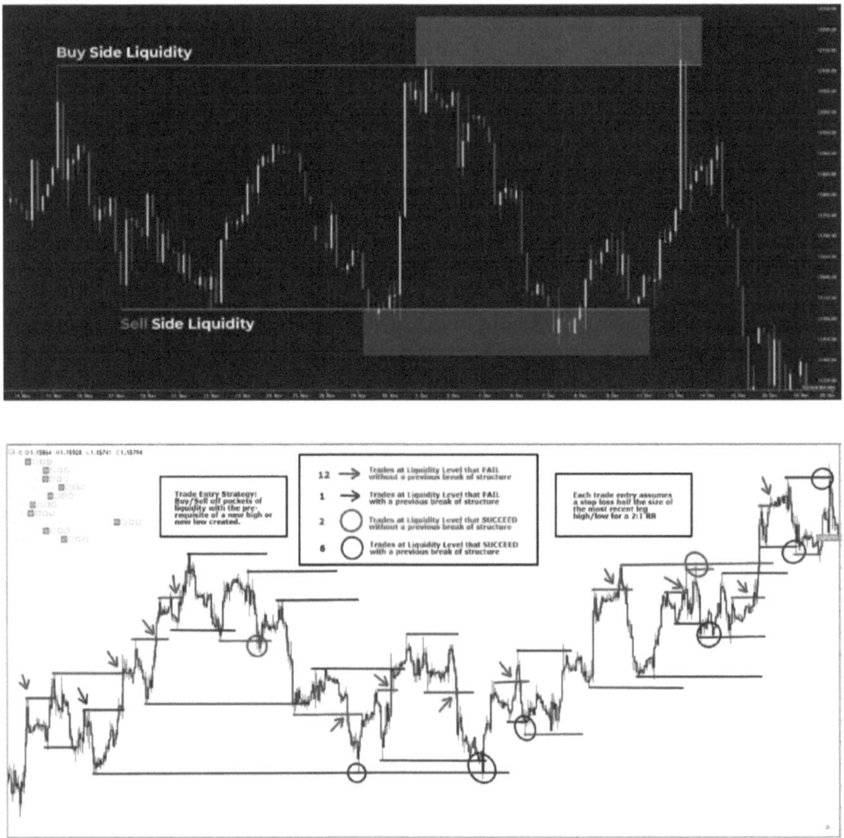

Figura 1.2: Estrutura de mercado e zonas de liquidez

Secção 2: Ferramentas de Negociação TIC - Blocos de Ordens, Gaps de Justo Valor e Teoria do Tempo e do Preço

Blocos de ordem e seu significado

Os blocos de ordens são áreas onde as instituições acumulam ordens de compra ou de venda, provocando uma mudança na direção do mercado. Os blocos de ordens de alta representam zonas de concentração de compras, enquanto os blocos de ordens de baixa representam concentração de vendas. Os operadores que utilizam estratégias TIC procuram retracções de preços nestes blocos para entradas de alta probabilidade.

Utilização de lacunas de valor justo (FVG)

Os FVGs são lacunas no preço causadas por movimentos rápidos que deixam para trás ordens não preenchidas. O preço revisita frequentemente estas áreas antes de retomar a sua direção, criando entradas atractivas para os operadores. Estas lacunas servem como alvos de retração onde os operadores de TIC podem entrar com menor risco.

Aplicação da teoria do tempo e dos preços

A teoria do tempo e do preço é um conceito essencial das TIC, sublinhando que certas sessões de negociação (como Londres e Nova Iorque) registam uma maior liquidez, o que impulsiona um movimento significativo dos preços. Compreender o momento destas sessões permite aos investidores antecipar quando é que as ordens institucionais podem causar mudanças na dinâmica do mercado.

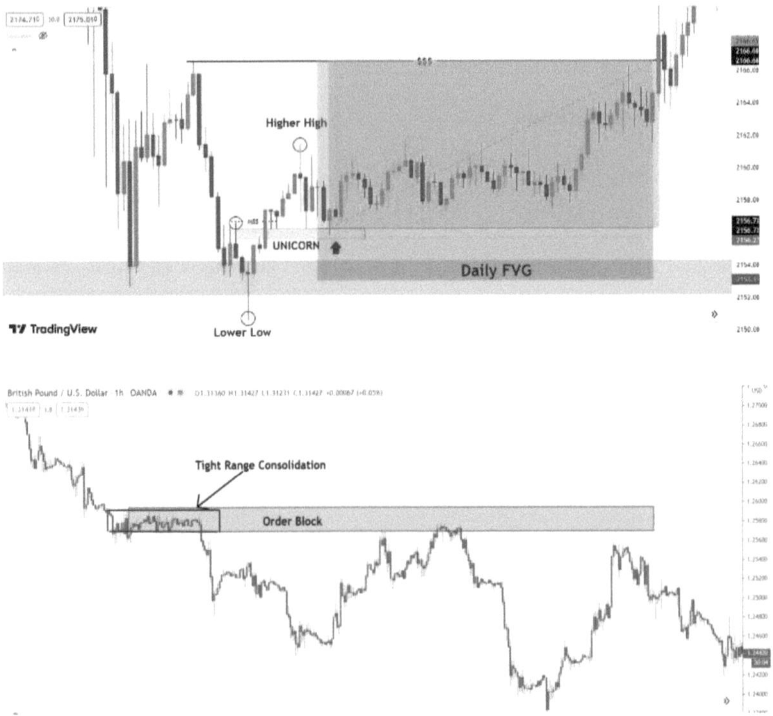

Figura 2.1: Exemplo de blocos de ordens e lacunas de justo valor

- Um gráfico de 4 horas com exemplos de blocos de ordens de alta e baixa, FVGs, e retracções de preços de volta a estes níveis.

Secção 3: Estratégias de negociação das TIC

Estratégia de enviesamento diário com análise multi-tempo

A estratégia de tendência diária envolve a determinação da direção da tendência diária e o alinhamento de negociações em períodos de tempo mais baixos. Por exemplo, se a tendência diária for de alta, um operador de TIC procuraria recuos nos gráficos de 4 horas ou 15 minutos para entrar em posições longas. Esta abordagem multi-timeframe refina as entradas e minimiza o risco.

Estratégia de caça à liquidez

A caça à liquidez (ou caça ao stop) ocorre quando as instituições movem o preço em direção aos máximos ou mínimos recentes para desencadear ordens stop e criar liquidez. Os operadores de TIC identificam estas zonas e esperam por picos de compensação de paragens, entrando em transacções na direção oposta a preços vantajosos.

Combinação de blocos de ordens e diferenças de valor justo

Os operadores de TIC combinam frequentemente blocos de ordens e FVGs para entradas robustas. Quando o preço recua para um bloco de ordens ou FVG após um movimento brusco, este alinhamento de factores proporciona uma entrada de alta probabilidade, permitindo que os investidores coloquem stops mais apertados e procurem rácios de recompensa/risco maiores.

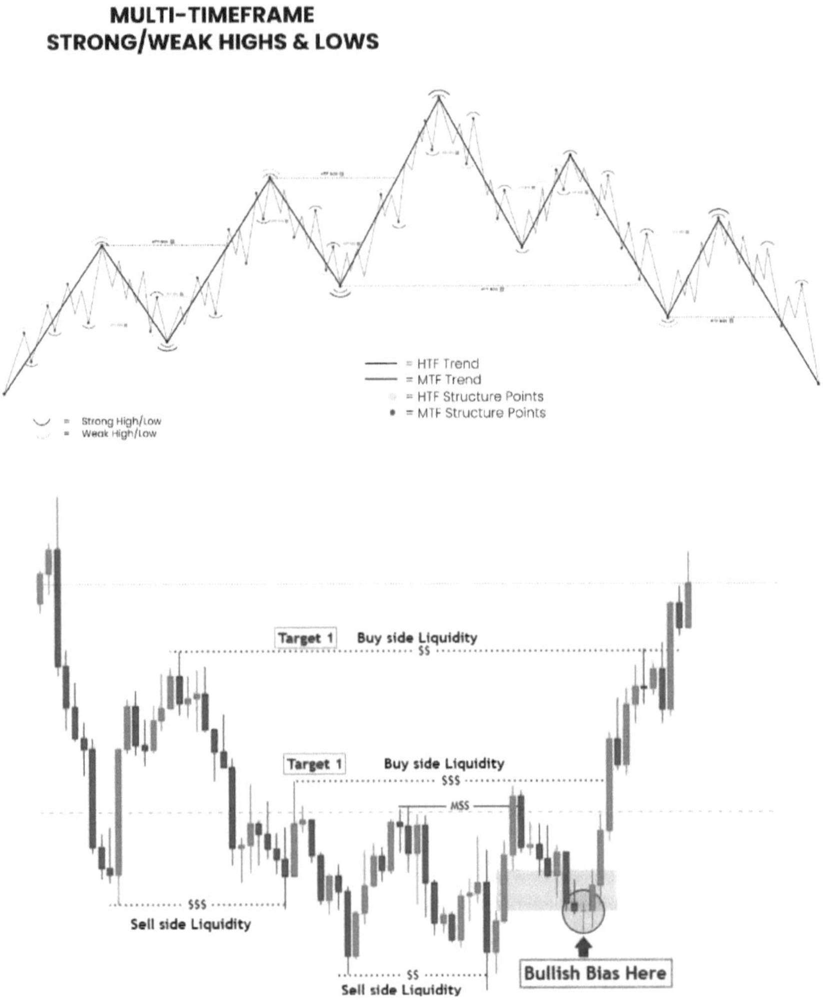

Figura 3.1: Viés diário e estratégia multi-temporal em ação

Secção 4: Aplicação de estratégias TIC em mercados do mundo real

Zonas de tendência diária e de liquidez nos mercados Forex

Um exemplo utilizando o par EUR/USD pode ilustrar como aplicar os conceitos de tendência diária e de zona de liquidez. Se a tendência diária for de alta, um operador de TIC procura recuos para entrar em posições longas perto de pools de liquidez, logo abaixo dos mínimos recentes, alinhando a análise do período de tempo inferior para entradas precisas.

Blocos de ordens e pools de liquidez em mercadorias

Em mercadorias voláteis como o ouro, os blocos de ordens podem fornecer zonas de entrada efectivas. Por exemplo, um investidor identifica um bloco de ordens em alta e espera que o preço volte a esta zona para entrar em posição longa, colocando stops abaixo do bloco de ordens para uma entrada de risco controlado.

Fair Value Gap e Liquidity Hunt nos índices de acções

Em índices como o S&P 500, os FVGs servem frequentemente como alvos de retração. Depois de um rápido movimento de preços, pode formar-se um FVG, dando aos investidores uma oportunidade de entrar quando o preço recua para o intervalo na direção da tendência original.

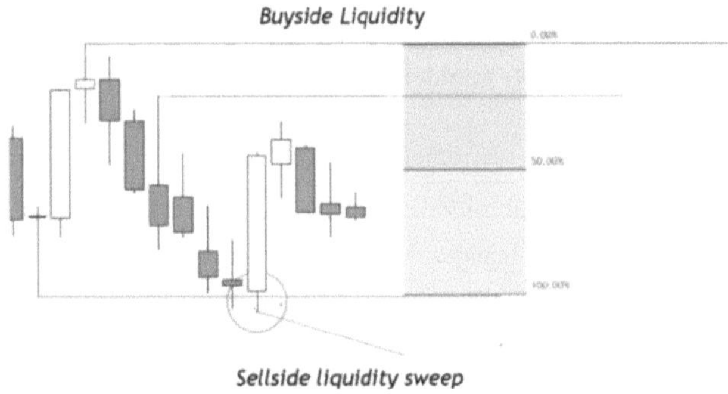

Figura 4.1: Exemplo Prático de Estratégia Diária de Bias e Zona de Liquidez em Forex

- Um gráfico de estudo de caso do EUR/USD, mostrando uma tendência diária em linha com os pools de liquidez e um ponto de entrada FVG.

Secção 5: Gestão de riscos e resiliência psicológica no comércio de TIC

Dimensionamento eficaz de posições e gestão de riscos

O dimensionamento da posição é fundamental na negociação de TIC para proteger contra grandes perdas. Por exemplo, arriscar apenas 1% por transação ajuda a preservar o capital e a manter uma exposição ao risco consistente. Os investidores calculam o tamanho da posição com base no tamanho da conta, tolerância ao risco e distância de paragem.

Manter a disciplina e a força mental

O comércio de TIC requer disciplina para evitar o comércio emocional e o FOMO (medo de ficar de fora). Ter um plano de negociação estruturado com critérios claros de entrada e saída ajuda a minimizar as decisões impulsivas. O registo regular das transacções e as reflexões sobre as reacções psicológicas reforçam a abordagem de um operador ao longo do tempo.

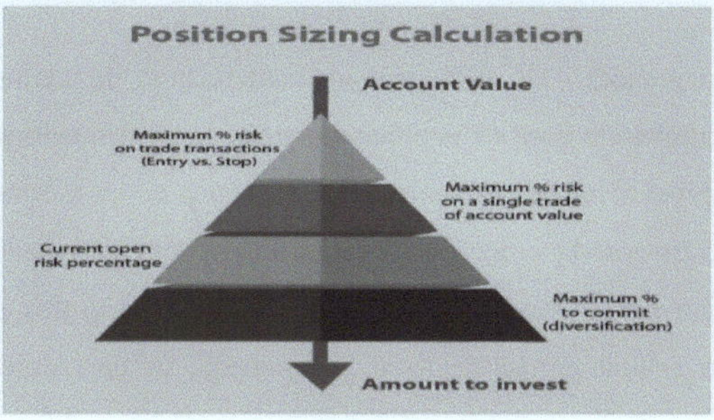

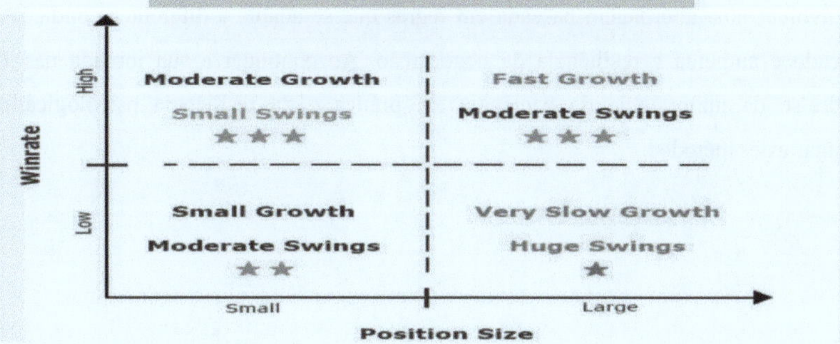

General formula: (Risk per trade) / (Stop loss in pips) = mini lots

Example: Account $2.000, 2% risk per trade = $40 | Stop loss distance 50 pips

Result: $40 / 50 = 0.8 à You need to buy 0,8 mini lots or 8 micro lots

Stop Loss Distance	**$5 risk**	**$10 risk**	**$20 risk**	**$50 risk**	**$ 100 risk**	**$ 200 risk**
5	1 mini l.	2 mini l.	4 mini l.	1 standard l.	2 standard l.	4 standard l.
10	5 micro l.	1 mini l.	2 mini l.	5 mini l.	1 standard l.	2 standard l.
20	2 micro l.	5 micro l.	1 mini l.	25 micro l.	5 mini l.	1 standard l.
30	1 micro l.	3 micro l.	6 micro l.	16 micro l.	33 micro l.	66 micro l.
50	1 micro l.	2 micro l.	4 micro l.	10 micro l.	2 mini l.	4 mini l.
75	Account too small	1 micro l.	2 micro l.	6 micro l.	13 micro l.	26 micro l.
100		1 micro l.	2 micro l.	5 micro l.	1 mini l.	2 mini l.

Figura 5.1: Exemplo de cálculo de dimensionamento de posições e gestão de riscos

Conclusão

As estratégias de negociação TIC oferecem aos comerciantes de retalho uma abordagem poderosa para se alinharem com os padrões de negociação institucionais e os fluxos de mercado. Ao compreenderem e implementarem conceitos como a estrutura do mercado, pools de liquidez, blocos de ordens e técnicas de negociação baseadas no tempo, os investidores ganham uma visão da dinâmica que molda a ação dos preços. Com uma prática consistente e uma gestão de risco disciplinada, os operadores de TIC podem desenvolver uma abordagem baseada em regras que se adapta a diferentes condições de mercado e aumenta a resiliência da negociação. Ao continuar a sua jornada nas TIC, lembre-se da importância da paciência, da prática e da resiliência psicológica para dominar estes métodos.

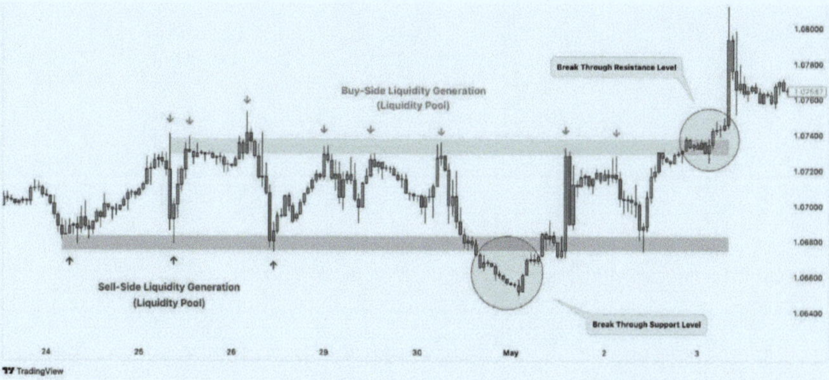

Figura 6.1: Resumo do fluxo de trabalho da estratégia TIC

Capítulo 3: Comparação entre SMC e TIC

Filosofia fundamental

- **Inner Circle Trader (ICT)**:
  - Desenvolvido por Michael J. Huddleston, o ICT enfatiza as acções dos investidores institucionais, referidos como "smart money". Esta abordagem centra-se na compreensão da mecânica do mercado, incluindo a liquidez, o fluxo de ordens e a estrutura do mercado, para identificar as melhores oportunidades de negociação. As estratégias TIC visam ajudar os investidores a alinharem-se com os movimentos institucionais e a evitarem as armadilhas comuns enfrentadas pelos investidores de retalho.
  - **Exemplo**: Num mercado em alta, os operadores de TIC procuram retracções de preços em zonas de liquidez ou gaps de valor justo, entrando em transacções com a expetativa de que as instituições empurrarão o preço para cima depois de eliminarem as perdas de paragem de retalho.
- **Smart Money Concepts (SMC)**:
  - A SMC centra-se na ideia de que as grandes instituições financeiras impulsionam os movimentos do mercado. Centra-se na análise de zonas de oferta e procura, manipulação de liquidez e quebras na estrutura do mercado (BOS). A SMC equipa os investidores com ferramentas para identificar transacções de elevada probabilidade através da observação do comportamento institucional.
  - **Exemplo**: Numa tendência de baixa, os operadores da SMC identificam as principais zonas de oferta onde as instituições venderam previamente as suas posições. Antecipam uma inversão de preços quando o mercado se aproxima destas zonas, entrando em transacções que se alinham com os interesses institucionais.

2. Estrutura do mercado e análise de tendências

- TIC:
  - A estrutura do mercado é crucial nas TIC, onde os investidores analisam os altos e baixos das oscilações para determinar as tendências. As estratégias de TIC utilizam o conceito de quebras de estrutura maiores e menores, ajudando os investidores a identificar fases de alta ou baixa e potenciais reversões.
  - **Exemplo**: Se um gráfico diário mostrar uma quebra acima de uma oscilação alta, os operadores de TIC podem procurar retracções em períodos de tempo mais baixos, tais como gráficos de 4 horas ou 15 minutos, para entrar em negociações alinhadas com a tendência de alta recentemente estabelecida.
- SMC:
  - A SMC também emprega a análise da estrutura do mercado, concentrando-se principalmente no BOS. Uma quebra acima de um máximo recente indica uma potencial tendência de subida, enquanto uma quebra abaixo de um mínimo sinaliza condições de baixa. Os investidores da SMC esperam frequentemente por retracções de preços para estes pontos estruturais significativos antes de entrarem em negociações.

- **Exemplo**: Após uma descida de preços, se o mercado quebrar um mínimo recente (BOS), os operadores SMC podem antecipar um recuo para uma zona de oferta para entrar em posições curtas, confirmando a sua transação com base na análise estrutural.

3. Zonas de liquidez e "Stop Hunts

- **TIC**:
  - No ICT, os pools de liquidez são identificados como áreas críticas onde as instituições colocam grandes ordens. Estas zonas existem frequentemente em torno de máximos e mínimos recentes e actuam como alvos de caça à liquidez. Os operadores de TIC procuram picos de preços nestas zonas como sinais de potenciais inversões.
  - **Exemplo**: Se o preço se aproxima de um máximo recente, os operadores de TIC podem antecipar uma caça ao stop. Quando o preço sobe acima deste máximo e depois recua, os investidores podem entrar em posições curtas, assumindo que as instituições acumularam as suas posições.
- **SMC**:
  - A SMC destaca a manipulação de liquidez, considerando as varreduras de preços de máximos ou mínimos recentes como capturas de liquidez pelas instituições. Estas zonas são consideradas áreas privilegiadas para entrar em transacções, uma vez que significam onde as instituições estão ativamente a acumular ou a distribuir posições.
  - **Exemplo**: Numa tendência de subida, se o preço cair abaixo dos mínimos recentes (uma caça à liquidez), os operadores de SMC podem procurar entrar em posições longas, uma vez que esperam uma inversão na sequência da atividade institucional.

4. Blocos de encomendas e zonas institucionais

- **TIC**:
  - Os blocos de ordens são definidos no ICT como áreas onde grandes instituições iniciaram transacções, levando a movimentos de preços notáveis. Os operadores de TIC procuram retracções de preços para estes blocos de ordens para encontrar pontos de entrada de elevada probabilidade.
  - **Exemplo**: Se um bloco de ordens de alta for identificado na tabela horária, os comerciantes podem entrar em posições longas quando o preço revisitar esta zona, antecipando a atividade de compra institucional.
- **SMC**:
  - O SMC refere-se aos blocos de encomendas como zonas institucionais de oferta e procura. Estas zonas servem como áreas críticas para a entrada e saída, mas podem não ter a mesma definição estrita que nas TIC.
  - **Exemplo**: Se o preço se aproximar de uma zona de oferta reconhecida após um BOS, os operadores de SMC podem vender a descoberto o mercado, esperando que as instituições vendam as suas posições a esse nível.

5. Lacunas e desequilíbrios do justo valor

- **TIC**:
  - Os Fair Value Gaps (FVGs) são importantes em TIC, pois representam áreas de ordens não preenchidas. Os operadores de TIC consideram estes gaps como zonas onde é provável que o preço regresse para retratação antes de continuar a sua direção.
  - **Exemplo**: Após um forte movimento ascendente, se um FVG aparece no gráfico de 4 horas, os comerciantes de TIC podem esperar que o preço recue para preencher esta lacuna antes de entrar em posições longas.
- **SMC**:
  - O SMC reconhece os desequilíbrios na ação dos preços, mas num contexto mais generalizado. Os desequilíbrios significam áreas que podem ser revisitadas para suporte ou resistência sem a definição estruturada de FVGs.
  - **Exemplo**: Se for observado um desequilíbrio num gráfico de 1 hora, os operadores de SMC podem antecipar um retrocesso de preços para esta zona, que pode atuar como um ponto de inversão.

6. Teoria do tempo e dos preços

- **TIC**:
  - A Teoria de Tempo e Preço do ICT enfatiza a negociação durante sessões de mercado específicas, particularmente em Londres e Nova Iorque, onde a atividade institucional atinge o seu pico. Alinhar as transacções com estas sessões é crucial para captar movimentos de elevada volatilidade.
  - **Exemplo**: Os investidores podem optar por entrar em posições durante o London Open, antecipando uma maior participação no mercado e movimento de preços.
- **SMC**:
  - Embora a SMC não se concentre em sessões de negociação específicas, considera o fluxo geral de liquidez. Os investidores da SMC podem ainda procurar níveis chave que coincidam com os máximos ou mínimos da sessão, embora sem uma adesão estrita ao tempo.
  - **Exemplo**: Um operador de SMC pode tomar uma posição durante qualquer sessão com base nas condições de liquidez observadas, independentemente de ser durante as horas de pico do mercado.

7. Gestão do risco e psicologia da negociação

- **TIC**:
  - A gestão do risco nas TIC envolve a manutenção de posições de pequena dimensão e a definição de ordens stop-loss apertadas para proteger o capital. A resiliência psicológica é vital, uma vez que as estratégias de TIC requerem frequentemente paciência para obter pontos de entrada óptimos com base no timing e nas configurações estruturais.
  - **Exemplo**: Um operador de TIC pode arriscar apenas 1% do seu capital por transação, ajustando o tamanho da posição de acordo com a colocação de stop-loss em torno dos principais níveis de liquidez.

- **SMC**:
    - O SMC enfatiza a gestão disciplinada do risco, encorajando os investidores a entrar em posições com uma compreensão clara do seu rácio risco-recompensa. Manter entradas de baixo risco em torno de zonas significativas é essencial para os negociadores SMC.
    - **Exemplo**: Um trader da SMC define o seu stop-loss logo acima de um máximo recente para uma posição curta, permitindo um rácio risco-recompensa favorável enquanto gere a exposição.

Integração das estratégias SMC e TIC

Os investidores frequentemente obtêm sucesso ao fundir elementos das estratégias SMC e ICT para criar uma abordagem personalizada. Por exemplo, podem utilizar a análise estrutural da SMC juntamente com os conhecimentos de timing das TIC para aperfeiçoar as suas estratégias de entrada e saída.

Conclusão

Tanto a Smart Money Concepts (SMC) como a Inner Circle Trader (ICT) oferecem metodologias valiosas para a negociação. Enquanto o ICT fornece uma abordagem mais estruturada e focada no timing, o SMC fornece uma estrutura mais ampla centrada na liquidez e na estrutura do mercado. Os investidores podem escolher entre as duas com base nas suas preferências ou combinar eficazmente aspectos de ambas as estratégias para melhorar os seus resultados de negociação. Ao alinharem-se com o comportamento institucional, os investidores podem melhorar as suas hipóteses de sucesso nos mercados.

Capítulo 4: Construir um sistema de comércio com SMC e TIC

4.1. Defina os seus objectivos de negociação

A definição de objectivos claros é a base de um sistema de negociação bem sucedido. Ajuda a orientar a sua abordagem de negociação e garante que se mantém disciplinado.

- **Estilo de negociação**:
  - **Day Trading**: Concentra-se em transacções rápidas, normalmente mantendo posições durante alguns minutos a horas.
  - **Swing Trading**: Manter transacções durante vários dias para captar movimentos de preços maiores.
  - **Negociação de posições**: Foco a longo prazo, mantendo transacções durante semanas ou meses com base na análise fundamental.
- **Seleção de mercados e instrumentos**:
  - **Forex**: Altamente líquido, spreads mais baixos e mercado 24 horas por dia.
  - **Acções**: Normalmente, maior volatilidade em torno de ganhos e notícias.
  - **Criptomoedas**: Maior volatilidade e potencial para grandes oscilações de preços, mas podem ser arriscadas.
- **Tolerância ao risco**:
  - Avalie o capital que está disposto a arriscar em cada transação e a redução máxima que a sua conta de negociação pode suportar.
  - Por exemplo, se tiver uma conta de $10.000 e estiver disposto a arriscar 2% por transação, o seu risco máximo por transação será de $200.
- **Compromisso de tempo**:
  - Pense em quantas horas pode, realisticamente, dedicar à negociação por semana. Isto influenciará a sua escolha de estilo de negociação.

Exemplo de objetivo: "Pretendo negociar pares de divisas (EUR/USD, GBP/USD) utilizando os conceitos SMC e ICT, com um risco por transação de 1% e um objetivo de lucro de 3R."

4.2. Analisar a estrutura do mercado e identificar o enviesamento

Um conhecimento sólido da estrutura do mercado permite-lhe determinar eficazmente as potenciais configurações de negociação.

- **Análise multi-temporal**:
  - **Prazos mais altos (diário, 4 horas)**: Identificar a tendência global do mercado. Procure por máximos e mínimos mais altos para tendências de alta, ou máximos e mínimos mais baixos para tendências de baixa.
  - **Timeframes inferiores (1 hora, 15 minutos)**: Utilize-os para identificar pontos de entrada e saída precisos. Por exemplo, se o gráfico diário mostrar uma tendência de alta, procure estruturas de alta nos períodos de tempo inferiores.
- **Identificação de quebras de estrutura (BOS)**:
  - Um BOS ocorre quando o preço se move para além dos máximos ou mínimos anteriores, indicando uma mudança no sentimento do mercado. Isto pode sinalizar uma potencial inversão ou continuação de uma tendência.

Exemplo: Se o gráfico diário do EUR/USD estiver numa tendência descendente, procure configurações de períodos de tempo mais baixos que sinalizem uma potencial inversão quando uma oscilação significativa for atingida.

4.3. Identificar as principais zonas de liquidez

A compreensão das zonas de liquidez ajuda a identificar onde são colocadas as ordens institucionais.

- **Identificação de pools de liquidez**:
  - **Swing Highs e Lows**: Estes níveis contêm frequentemente ordens de paragem de perda de comerciantes de retalho. Quando o preço se aproxima destes níveis, os investidores institucionais podem empurrar o preço para acionar estas paragens, acumulando liquidez.
  - **Clusters de ordens**: Procure áreas onde vários tipos de ordens convergem, como zonas de suporte ou resistência significativas.
- **Parar as caçadas**:
  - As instituições criam frequentemente liquidez ao forçarem os pequenos investidores a sair das posições. Isto pode acontecer através de picos súbitos de preços acima da resistência (accionando paragens de compra) ou abaixo do suporte (accionando paragens de venda).

Exemplo: Se o EUR/USD se aproximar de um máximo de oscilação importante e começar a apresentar consolidação, prepare-se para potenciais "stop hunts", uma vez que as instituições podem visar essa liquidez antes de inverterem o preço.

4.4. Utilizar blocos de ordem para definir pontos de entrada

Os blocos de ordens servem como pontos de entrada alinhados com o sentimento institucional.

- **Identificação de blocos de ordem**:
  - Procure a última vela de baixa significativa antes de um forte movimento de alta (ou a última vela de alta antes de um movimento de baixa) como potenciais blocos de ordens.
  - **Confirmação de blocos de ordens**: O bloco de ordens deve idealmente coincidir com um nível de suporte ou resistência.
- **Accionadores de entrada**:
  - Aguarde que o preço volte ao bloco de ordens e confirme a entrada com sinais adicionais de ação do preço, tais como barras de pinos, velas envolventes ou mudanças na estrutura do mercado.

Exemplo: No gráfico de 4 horas, se identificar um bloco de ordens de baixa antes de um movimento significativo de alta, espere por um retrocesso de volta a esse bloco de ordens antes de entrar em posições longas.

4.5. Utilizar as diferenças de justo valor para potenciais entradas ou saídas

Os desvios do justo valor indicam ineficiências de preços que as instituições podem procurar colmatar.

- **Identificação de lacunas no justo valor**:
  - Estas lacunas formam-se quando o preço se move rapidamente, deixando uma área onde não ocorreram transacções. As lacunas podem ser identificadas em qualquer período de tempo.
  - Procure lacunas em que o preço volta atrás para as preencher, proporcionando frequentemente excelentes pontos de entrada.
- **Utilização da FVG para entrada/saída**:
  - Se o preço se retrair para um FVG depois de sair de um nível chave, pode apresentar uma entrada de alta probabilidade.
  - Para as saídas, os FVGs podem servir como potenciais zonas de inversão ou pontos de tomada de lucros.

Exemplo: Se o preço se mover rapidamente para cima e deixar um FVG abaixo dele, observe o preço para voltar a essa lacuna. Entrar neste nível com confluência de um bloco de ordens pode oferecer uma forte oportunidade de entrada.

4.6. Aplicar a teoria do tempo e do preço para o timing de entrada

O timing é essencial para maximizar os lucros.

- **Momentos óptimos para as entradas**:
  - Concentre-se em períodos de elevada volatilidade, como as aberturas dos mercados de Londres e Nova Iorque. É nesta altura que a atividade

institucional tende a ser mais elevada, aumentando a probabilidade de movimentos de preços significativos.
  - Utilize dados históricos para identificar as alturas em que determinados pares de moedas tendem a ser mais voláteis.
- **Comunicados de imprensa económicos**:
  - Esteja atento aos eventos económicos programados (por exemplo, decisões sobre taxas de juro, dados sobre o emprego) que podem criar volatilidade. As instituições posicionam-se frequentemente antes destas publicações.

Exemplo: Se vir uma configuração de alta a desenvolver-se no EUR/USD antes da sessão de Nova Iorque, este pode ser um ótimo ponto de entrada devido à volatilidade esperada.

4.7. Definir regras claras de gestão comercial

Uma gestão comercial eficaz protege o seu capital e assegura uma rentabilidade consistente.

- **Colocação de Stop-Loss**:
  - Colocar ordens stop-loss fora do bloco de ordens ou do swing high/low recente para permitir flutuações de preços naturais sem ser impedido de sair.
  - Considere os indicadores de volatilidade (como o ATR) para ajudar a avaliar os níveis adequados de stop-loss.
- **Rácio risco-recompensa**:
  - Tenha como objetivo um mínimo de 1:2 RRR. Por exemplo, se a sua paragem de perda estiver a 20 pips de distância, o seu objetivo deve estar a pelo menos 40 pips de distância para manter uma RRR favorável.
- **Lucro parcial**:
  - Considerar a realização de lucros parciais em níveis chave (por exemplo, o primeiro conjunto de liquidez) para garantir ganhos enquanto permite que a posição remanescente seja executada para obter lucros mais significativos.

Exemplo: Se entrar numa posição longa em EUR/USD com uma paragem de perda de 20 pips, tenha como objetivo 40 pips. Obtenha lucros parciais a 30 pips e desloque a sua paragem de perda para o ponto de equilíbrio para a posição restante.

4.8. Backtest do sistema

O backtesting da sua estratégia ajuda a validar a sua eficácia e permite efetuar ajustamentos.

- **Registo de dados**:
  - Manter um diário de negociação que documente todas as transacções, incluindo a configuração, a entrada, a saída, o motivo da transação e o resultado.
  - Reveja e analise as suas transacções anteriores para identificar padrões, pontos fortes e fracos.
- **Software de backtesting**:

    - Utilize software ou plataformas de negociação com funcionalidades de backtesting para testar a sua estratégia em relação a dados históricos de preços. Isto ajuda-o a avaliar o desempenho da sua estratégia em várias condições de mercado.

Exemplo: Se o backtesting revelar que a sua estratégia tem um desempenho excecionalmente bom durante comunicados de imprensa específicos, mas tem dificuldades durante períodos de baixa volatilidade, ajuste a sua abordagem para se concentrar nesses períodos de grande impacto.

4.9. Implementar o sistema num ambiente real com gestão de riscos

A transição para a negociação em direto requer disciplina e uma adesão rigorosa ao seu plano de negociação.

- **Começar pequeno**:
    - Comece com um tamanho de posição mais pequeno para reduzir os riscos à medida que se adapta à dinâmica de negociação em tempo real. Aumente gradualmente o tamanho da sua posição à medida que se sentir mais confortável.
- **Monitorizar o desempenho**:
    - Avalie regularmente o desempenho do seu sistema, revendo as transacções e ajustando as estratégias com base nas condições de mercado em mudança.
- **Gestão das emoções**:
    - Manter a disciplina emocional seguindo o seu plano de negociação. Evite tomar decisões impulsivas com base nas emoções do mercado ou em ruídos externos.

Exemplo: Se a sua conta for de $10.000 e estiver a arriscar 1% por transação, comece com um tamanho de posição de $100. Monitorize o seu desempenho durante algumas semanas antes de aumentar o tamanho da sua posição.

4.10. Melhoria contínua e adaptação

O ambiente de negociação é dinâmico e a adaptação da sua estratégia é crucial para o sucesso a longo prazo.

- **Manter-se informado**:
    - Continuar a aprender e a adaptar-se, estudando novos conceitos de SMC e TIC, condições de mercado e estratégias de ação de preços.
- **Rever e aperfeiçoar**:
    - Reveja regularmente o seu plano de negociação e o seu desempenho. Se determinados aspectos não estiverem a funcionar, ajuste-os com base na sua compreensão evolutiva do mercado.
- **Rede com outros comerciantes**:
    - Participe em comunidades de negociação para trocar conhecimentos, ideias e experiências. A colaboração com outros pode melhorar os seus conhecimentos e estratégias de negociação.

Exemplo: Se notar que a sua estratégia funciona melhor em mercados de tendência do que em condições de intervalo, ajuste as suas regras de negociação para se concentrar em ambientes de tendência.

Lista de verificação de configuração de comércio de amostra

1. **Determinar a tendência/preconceito**: Analisar os períodos de tempo mais elevados para determinar a tendência geral do mercado.
2. **Marcar pools de liquidez**: Identificar os principais altos/baixos de swing onde a liquidez pode estar presente.
3. **Localizar blocos de ordens**: Identificar blocos de ordens de alta/baixa com base em quebras de estrutura.
4. **Verificar se existem diferenças de valor justo**: Procure lacunas de valor justo que estejam de acordo com o seu nível de entrada.
5. **Definir entrada, paragem de perda e objetivo**: Entrar no bloco de ordens identificado ou FVG, colocar o seu stop-loss em conformidade e definir objectivos de lucro em zonas de liquidez ou FVGs.
6. **Confirmar o momento**: Assegure-se de que a sua entrada está alinhada com os melhores momentos de negociação ou com eventos noticiosos significativos.
7. **Gerir a transação**: Siga as suas regras de gestão de risco, mova o seu stop-loss para o ponto de equilíbrio, conforme necessário, e obtenha lucros parciais de acordo com o seu plano.

Conclusão

A construção de um sistema de negociação baseado nos conceitos de Smart Money e nos princípios das TIC envolve uma abordagem estruturada que considera a estrutura do mercado, a liquidez, os bloqueios de ordens, as lacunas de valor justo e a gestão eficaz das transacções. Ao definir objectivos claros, aplicar uma análise sistemática e aperfeiçoar continuamente a sua estratégia, pode alinhar as suas actividades de negociação com o comportamento institucional, conduzindo a uma melhor tomada de decisões e ao sucesso da negociação.

Principais conclusões: Uma negociação bem sucedida requer uma mistura de análise técnica, gestão de risco e disciplina psicológica. Ao incorporar os princípios SMC e ICT no seu sistema de negociação, pode melhorar a sua capacidade de identificar configurações de alta probabilidade e executar transacções com confiança.

Capítulo 5: Estudos de casos comparativos

5.1 :Estudo de caso 1: Mercado Forex - EUR/USD

Visão geral A liquidez e o volume do mercado cambial atraem participantes institucionais que criam movimentos de preços significativos. Neste estudo de caso, o EUR/USD é analisado no contexto de eventos macroeconómicos que influenciam a direção do par de moedas, especificamente em torno dos anúncios da Reserva Federal.

Configuração e análise aprofundadas

1. **Estrutura do mercado: Análise multi-temporal**
   - **Gráfico Diário**: O EUR/USD esteve inicialmente em uma tendência de alta com maiores altas e maiores baixas. Com o preço se aproximando de um nível de resistência histórico significativo, uma divergência de baixa surgiu entre o preço e o RSI, indicando um enfraquecimento da dinâmica.
   - **Gráfico de 4 Horas**: Neste período de tempo mais baixo, uma mudança na estrutura (um BOS) tornou-se aparente com o preço não conseguindo quebrar acima da alta anterior. Isto confirmou que os vendedores estavam entrando em cena, provavelmente posicionando-se para uma inversão.
   - **Gráfico de 1 Hora**: O gráfico de 1 hora revelou blocos menores de ordens de baixa se formando em altas recentes, indicando áreas potenciais para reentrada em retrações.
2. **Pools de liquidez e Stop Hunts**
   - **Zonas de elevada liquidez**: Ao analisar os altos e baixos de oscilações anteriores, os investidores identificaram pools de liquidez onde as ordens de stop-loss dos investidores de retalho estavam concentradas. O anúncio da subida das taxas da Reserva Federal serviu de catalisador, fazendo com que o preço subisse e limpasse estes pools.
   - **Sequência de Stop Hunt**: A ação dos preços exibiu um padrão clássico de "stop-hunt", em que subiu brevemente acima de uma alta anterior (desencadeando ordens de compra), imediatamente reverteu e criou um movimento de baixa. Isto permitiu que as instituições "enganassem" os comerciantes de retalho antes de continuarem na direção pretendida.
3. **Bloqueios de ordens e lacunas de valor justo**
   - **Bloco de Ordem de Baixa no Gráfico de 4 Horas**: Após o BOS, um bloco de ordens de baixa se formou perto do nível de resistência. O preço recuou para esta zona, permitindo que os comerciantes SMC entrassem em negociações curtas em alinhamento com o posicionamento institucional.
   - **Gap de valor justo como confirmação**: Abaixo do bloco de ordens, um gap de valor justo forneceu mais uma confirmação de que as instituições estavam provavelmente a vender nesta zona.

Resultados e observações adicionais

Os comerciantes que entraram em posições curtas perto do bloco de ordens de baixa de 4 horas, capitalizaram sobre a tendência descendente. A entrada foi ainda validada pela observação de blocos de ordens menores no gráfico de 1 hora, o que permitiu o refinamento dos pontos de entrada e saída. Os comerciantes aproveitaram a dinâmica de baixa até que o preço atingisse uma liquidez mais baixa, tendo lucros parciais ao longo do caminho.

Principais lições Os mercados
Forex, especialmente durante os principais anúncios económicos, proporcionam fortes configurações para os operadores de SMC/ICT que conseguem reconhecer zonas institucionais, utilizar a análise multi-timeframe e incorporar estratégias de liquidez.

5.2 : Estudo de caso 2: Mercado de criptomoedas - Bitcoin (BTC/USD)

Visão geral A natureza descentralizada do mercado de criptomoedas e a negociação 24 horas por dia, 7 dias por semana, criam oportunidades únicas para os negociadores SMC e ICT. Neste exemplo, o BTC/USD é analisado à medida que experimenta volatilidade em torno de uma importante zona de suporte técnico, amplificada pela atividade das baleias.

Configuração e análise aprofundadas

1. **Estrutura de mercado e padrões de consolidação**
   - **Gráfico diário**: O BTC / USD estava em uma fase de consolidação dentro de uma faixa clara, com o preço oscilando entre um nível de suporte e resistência. Esta estrutura de intervalo indicava que as instituições estavam a acumular ou a distribuir dentro destes níveis.
   - **Períodos de tempo mais baixos**: Os gráficos de 4 horas e de 1 hora mostraram múltiplas ocorrências de BOS em ambas as extremidades do intervalo, significando possíveis captações de liquidez por jogadores institucionais.
2. **Pools de liquidez e rastreio de baleias**
   - **Faixa de liquidez alta e baixa**: Os limites superior e inferior da faixa de consolidação serviram como pools naturais de liquidez. A análise em cadeia revelou grandes transacções de carteiras de baleias perto destes níveis, sugerindo que os grandes jogadores estavam a utilizar o intervalo para desencadear a captação de liquidez.
   - **Caça de Paradas Induzidas por Baleias**: No gráfico de 1 hora, o preço fez repetidos movimentos em direção aos altos e baixos da gama, cada vez desencadeando paradas e gerando volatilidade. Isto confirmou a presença de jogadores institucionais que estavam a visar os stop-losses dos comerciantes de retalho.
3. **Bloqueios de ordens e lacunas de valor justo**
   - **Bloco de ordens de baixa na gama alta**: Um bloco de ordens de baixa se formou na extremidade superior da gama, confirmando que as instituições estavam usando este nível como um ponto de venda. Cada retrocesso para este bloco de ordens ofereceu uma oportunidade de venda.
   - **Lacunas de valor justo como zonas de reentrada**: As lacunas de valor justo abaixo da gama alta criaram pontos de reentrada adicionais, uma vez que o preço do BTC frequentemente retrocedeu para essas lacunas, reforçando a tendência de baixa.

Resultados e observações adicionais

O BTC / USD respeitou a estrutura de limite de faixa até um eventual rompimento. Os comerciantes capturaram várias negociações lucrativas vendendo a descoberto no bloco de ordens de baixa e obtendo lucros parciais no ponto médio do intervalo. O uso de análises na cadeia para rastrear movimentos de baleias adicionou uma camada de perceção ao SMC, ajudando os comerciantes a entender como as zonas de liquidez em criptografia se alinham com grandes transações.

Principais conclusões

No mercado de criptografia, os comerciantes SMC/ICT podem usar blocos de pedidos, pools de liquidez e rastreamento de baleias para identificar configurações de alta probabilidade. A ausência de agentes institucionais centralizados em criptografia torna o rastreamento de liquidez essencial, pois a atividade das baleias e as caçadas de parada dominam os movimentos do mercado.

5.3 : Estudo de caso 3: Mercado de acções - Apple Inc. (AAPL)

Visão geral

Os mercados de acções, em especial as acções de elevada liquidez como a AAPL, registam movimentos institucionais previsíveis. Neste caso, os conceitos SMC e ICT ajudam a identificar as fases de acumulação e distribuição em torno do anúncio dos lucros da Apple, um período marcado por uma volatilidade significativa.

Configuração e análise aprofundadas

1. **Estrutura de mercado e zonas institucionais**
   - **Gráfico Diário**: AAPL apresentou uma tendência de alta constante antes dos ganhos, com o preço fazendo altas e baixas mais altas. No entanto, quando se aproximou da resistência perto da data de ganhos, os prazos mais baixos mostraram sinais de distribuição.
   - **Gráfico de 4 Horas**: O gráfico de 4 horas revelou um BOS com o preço falhando em criar uma nova alta. Esta mudança sugeriu que as instituições estavam provavelmente realizando lucros, posicionando-se para uma retração.
2. **Pools de liquidez e calendarização de eventos de resultados**
   - **Paradas de Caça Perto da Resistência**: A área logo abaixo do nível de resistência acumulou ordens de stop-loss, com os comerciantes de varejo estabelecendo posições longas esperando um maior movimento ascendente.
   - **Pool de liquidez impulsionado por ganhos**: Após o anúncio dos lucros, um pico repentino limpou o pool de liquidez acima dos máximos recentes, desencadeando stop-losses. Isto permitiu que os jogadores institucionais se acumulassem em níveis com desconto à medida que o preço descia após a caça ao stop.
3. **Bloqueios de ordens e lacunas de valor justo**
   - **Formação de Bloco de Ordem de Baixa**: Após os ganhos, um bloco de ordens de baixa se formou no gráfico de 1 hora. O preço recuou para este nível, proporcionando uma entrada curta de alta probabilidade para os comerciantes.
   - **Gap de valor justo como um sinal de saída**: Abaixo do bloco de ordens, um gap de valor justo serviu como uma zona de saída inicial, com o preço se movendo para baixo depois de preencher o gap, confirmando a dinâmica de baixa.

Resultados e observações adicionais

Após o anúncio dos ganhos, a AAPL inverteu-se depois de acionar o pool de liquidez superior, criando oportunidades para os operadores da SMC que venderam a descoberto no bloco de ordens de baixa. O preço voltou a testar este nível antes de continuar a descer, oferecendo aos investidores uma estratégia de saída óptima dentro do intervalo de valor justo.

Principais conclusões

Nos mercados de acções, os eventos de ganhos podem atuar como poderosos factores de liquidez, especialmente para os operadores de SMC/ICT que alinham as suas configurações com a atividade institucional em torno das datas de ganhos. A identificação das fases de distribuição, dos blocos de ordens e das lacunas de valor justo em torno desses eventos proporciona configurações de alta probabilidade.

5.4 : Estudo de caso 4: Mercado de mercadorias - Ouro (XAU/USD)

Visão geral

Os movimentos do preço do ouro são impulsionados por condições macroeconómicas, tornando-o um ativo adequado para estratégias SMC/ICT, especialmente em torno de eventos como a divulgação de dados sobre a inflação e tensões geopolíticas. Este estudo de caso ilustra como os investidores utilizaram a SMC para capitalizar o movimento volátil do ouro.

Configuração e análise aprofundadas

1. **Estrutura de mercado e análise multi-temporal**
   - **Gráfico Semanal**: O ouro estava a ter uma tendência dentro de uma gama mais ampla, mas recentemente atingiu um nível de apoio que era um bloco de ordens de longo prazo, indicando um potencial interesse institucional na acumulação.
   - **Gráfico Diário**: Um BOS ocorreu na parte inferior da gama, sinalizando possíveis pontos de entrada para os comerciantes SMC que procuram uma inversão de alta.
2. **Pools de liquidez e impacto de eventos económicos**
   - **Zonas de Liquidez em torno dos níveis de apoio**: Os pools de liquidez foram identificados perto das recentes baixas, onde os comerciantes de retalho colocaram ordens stop-loss. Antes da divulgação dos principais dados sobre a inflação, a ação dos preços varreu estes mínimos, desencadeando paragens e acumulando liquidez para uma inversão.
   - **Stop Hunts na Divulgação de Dados**: Após um stop hunt logo abaixo do suporte, o ouro inverteu-se para cima, confirmando que as instituições tinham provavelmente acumulado posições em torno do pool de liquidez antes da divulgação da economia.
3. **Bloqueios de ordens e lacunas de valor justo**
   - **Formação de Bloco de Ordem de Alta**: Um bloco de ordens de alta se formou no gráfico de 4 horas perto da zona de apoio, sinalizando o interesse de compra institucional. O preço testou novamente este bloco de ordens duas vezes, proporcionando oportunidades de entrada.
   - **Lacuna de valor justo como preço-alvo**: Um intervalo de valor justo acima do bloco de ordens criou um preço-alvo lógico, uma vez que o preço se moveu em direção a este nível após a fase de acumulação.

Resultados e observações adicionais

Após a divulgação dos dados sobre a inflação, o preço do ouro recuperou acentuadamente, validando o bloco de ordens de alta e permitindo que os comerciantes realizassem lucros no intervalo do valor justo. Esta configuração permitiu que os investidores capitalizassem o posicionamento institucional alinhado com os dados macroeconómicos.

Principais conclusões

Nos produtos de base, o alinhamento das configurações SMC/ICT com eventos macroeconómicos constitui uma vantagem. A reação do ouro aos dados da inflação, quando analisada através de blocos de ordens, pools de liquidez e lacunas de valor justo, permitiu que os investidores programassem entradas e saídas de forma eficaz.

Conclusão

Estudos de caso comparativos em forex, criptografia, ações e commodities destacam como os conceitos de SMC e ICT podem ser aplicados universalmente com resultados eficazes. Ao se concentrar na análise de vários prazos, blocos de pedidos, pools de liquidez e tempo em torno dos principais eventos do mercado, os comerciantes SMC / ICT ganham uma vantagem estratégica, permitindo que eles tomem decisões informadas em alinhamento com o comportamento do mercado institucional.

Capítulo 6: Tendências futuras e estratégias em evolução

6.1. Integração tecnológica e automatização em SMC e TIC

- **IA e ML para reconhecimento de padrões e otimização de estratégias** Os algoritmos avançados de aprendizagem automática (ML) e a inteligência artificial (IA) estão a ser utilizados para automatizar e otimizar as estratégias de SMC e ICT. Os modelos de IA, como as redes neurais convolucionais (CNN) e as redes neurais recorrentes (RNN), podem ser treinados para reconhecer padrões recorrentes nos dados de mercado e destacar as principais configurações de SMC/ICT, como blocos de ordens e lacunas de valor justo. Isto não só aumenta a precisão na deteção de zonas de negociação institucionais, como também pode melhorar o timing das transacções com base em padrões históricos de sucesso.
- **Computação quântica para uma execução mais rápida** Embora ainda na sua fase inicial, a computação quântica é promissora para uma execução mais rápida das transacções através do processamento instantâneo de cálculos complexos. Isto pode dar aos operadores de SMC/ICT uma vantagem em cenários de negociação de alta frequência em que a velocidade e a precisão são cruciais. Os algoritmos quânticos poderiam detetar alterações ao nível dos microssegundos na liquidez ou no fluxo de ordens, abrindo portas a uma análise mais granular e a configurações de negociação mais rápidas.
- **Blockchain e contratos inteligentes para o comércio descentralizado** Os contratos inteligentes podem automatizar as transacções em ambientes financeiros descentralizados (DeFi) com base nas condições SMC/ICT, tais como os níveis de preços que atingem um conjunto de liquidez específico ou um bloco de ordens. Com os contratos inteligentes, os comerciantes podem criar negociações programáveis que são acionadas automaticamente sob condições predefinidas, garantindo uma execução precisa sem a necessidade de monitorização manual.

6.2. Análise avançada da liquidez e microestrutura do mercado

- **Mapas** de **calor** de **liquidez e profundidade do livro de ordens** Os mapas de calor de liquidez avançados estão a tornar-se ferramentas essenciais na negociação SMC/ICT, fornecendo representações visuais dos níveis de liquidez em vários períodos de tempo. Estes mapas mostram onde as grandes encomendas são colocadas em tempo real, ajudando os investidores a antecipar potenciais reacções de preços em zonas críticas. Ao analisar a profundidade do livro de ordens e a distribuição das ordens de compra/venda em vários níveis de preços, os investidores obtêm uma melhor compreensão do sentimento do mercado e do potencial para inversões acentuadas em pontos de elevada liquidez.
- **Análise do perfil de volume em tempo real** As ferramentas de perfil de volume permitem que os investidores visualizem a distribuição do volume em diferentes níveis de preços, identificando "nós de alto volume" onde a negociação institucional está provavelmente concentrada. Quando combinada com os conceitos de SMC, a análise do perfil de volume pode validar ainda mais os blocos de ordens ou os pools de liquidez, ajudando os negociadores a evitar falsos sinais. Por exemplo, se uma zona de liquidez se alinhar com um nó de elevado volume, é mais provável que se mantenha como um nível de suporte/resistência, indicando que as instituições estão a defender as suas posições nessa zona.
- **Análise na cadeia para criptomoedas** Para os comerciantes que aplicam os conceitos SMC/ICT aos mercados de criptomoedas, as ferramentas de análise na cadeia fornecem informações sobre grandes transacções, movimentos de carteiras e liquidez geral. O acompanhamento da atividade das baleias e dos movimentos significativos de moedas nas bolsas ajuda os operadores de SMC/ICT a compreender onde se encontra a maior liquidez e o momento de potenciais grandes transacções. Isto é particularmente útil dado que os mercados de criptografia são frequentemente menos regulados e mais susceptíveis de manipulação, tornando os conceitos SMC cruciais.

6.3. Expansão para além do Forex: SMC e TIC em novos mercados

- **Mercados de criptomoeda e DeFi** O ciclo 24/7 do mercado de criptomoeda e a volatilidade inerente oferecem desafios e oportunidades únicas para os comerciantes SMC/ICT. Ao contrário do forex tradicional, as criptomoedas carecem de um controlo institucional centralizado, mas os grandes operadores (frequentemente designados por "baleias") continuam a exercer influência sobre os movimentos do mercado. Ao aplicar os princípios da SMC, como a orientação para a liquidez e a caça à paragem nas criptomoedas, os investidores podem obter ganhos ao compreender e reagir ao comportamento das baleias, especialmente em torno dos principais níveis psicológicos de preços e dos principais pools de liquidez.
- **Commodities e Metais Preciosos** As estratégias SMC e ICT são cada vez mais relevantes no comércio de commodities e metais preciosos, especialmente com a recente popularidade do ouro, prata e petróleo. Os movimentos institucionais nestes mercados são frequentemente influenciados por factores macroeconómicos, tornando a análise da liquidez e do fluxo de ordens crucial para identificar potenciais inversões ou continuações. Os investidores podem utilizar os princípios da SMC para analisar zonas de acumulação e distribuição, especialmente em torno de eventos económicos significativos (como relatórios de fornecimento de petróleo ou anúncios de bancos centrais), que muitas vezes servem de gatilho para grandes posições institucionais.
- **Futuros de acções e índices** Na negociação de futuros de acções e índices, as estratégias SMC/ICT são valiosas para identificar os principais pontos de entrada institucionais, especialmente em torno de relatórios de ganhos e anúncios económicos. Os investidores institucionais tendem a acumular ou distribuir acções com base em projecções de lucros ou alterações nos dados económicos, e os operadores de SMC podem capitalizar estes movimentos localizando pools de liquidez e blocos de ordens que coincidam com a atividade institucional. Isto também abre oportunidades para a negociação em sectores específicos, uma vez que as estratégias SMC/ICT podem ser adaptadas para captar movimentos em sectores individuais como a tecnologia, a energia ou as finanças.

6.4. Integração de múltiplos períodos de tempo e correlações de múltiplos activos

- **Confirmação de vários períodos de tempo**

  A utilização de vários períodos de tempo tornou-se uma estratégia central para aumentar a precisão das configurações SMC/ICT. Por exemplo, enquanto o gráfico de 1 hora pode mostrar um mercado a aproximar-se de um pool de liquidez, o gráfico diário pode revelar uma quebra de estrutura (BOS) num bloco de ordens importante. A combinação destes conhecimentos através de períodos de tempo permite aos operadores confirmarem as configurações com maior exatidão e ajustarem as suas entradas para obterem precisão, aumentando a sua probabilidade de sucesso.

- **Correlações de múltiplos activos e confirmação de activos cruzados** Os negociadores SMC/ICT estão a utilizar cada vez mais as correlações entre activos para confirmar as configurações de negociação. Por exemplo, se os futuros do S&P 500 (ES) estiverem a aproximar-se de um bloco de ordens enquanto o índice do dólar americano (DXY) atinge um pool de liquidez, os operadores podem confirmar que os intervenientes institucionais podem estar activos em ambos os mercados, reforçando a sua convicção. Essas correlações são particularmente úteis em mercados altamente interconectados, permitindo que os operadores refinem as entradas de negociação e evitem possíveis movimentos falsos.

6.5. Evolução das plataformas de tutoria TIC e de aprendizagem SMC

- **Programa de Mentoria ICT e Crescimento da Comunidade Global** O programa de mentoria ICT continua a evoluir, oferecendo cursos aprofundados que orientam os traders através de conceitos avançados de SMC/ICT. À medida que a procura cresce, a comunidade ICT tornou-se um ambiente de colaboração onde os membros trocam ideias e partilham configurações de negociação, criando um repositório de conhecimentos cada vez maior para os investidores. A disponibilidade de cursos e recursos de TIC ajuda os operadores a manter uma abordagem estruturada para compreender os comportamentos institucionais e a estrutura do mercado.
- **Plataformas dedicadas** à SMC **e ferramentas proprietárias** Estão a surgir novas plataformas e ferramentas dedicadas à SMC, que oferecem aos investidores acesso a funcionalidades de análise especializadas. Algumas plataformas desenvolveram indicadores proprietários de SMC que automatizam a identificação de blocos de ordens, lacunas de valor justo e zonas de liquidez. Estas ferramentas incluem frequentemente alertas em tempo real que ajudam os investidores a detetar potenciais configurações, permitindo uma tomada de decisões mais rápida e um acesso mais fácil a estratégias avançadas de SMC.

6.6. Reforçar a teoria do tempo e dos preços com as finanças comportamentais

- **Perspectivas comportamentais no Market Timing** A integração de princípios de finanças comportamentais na teoria do tempo e dos preços oferece aos investidores uma visão mais profunda sobre o porquê e quando as instituições podem atuar. Compreender a psicologia das multidões, incluindo os ciclos de medo e ganância, pode ajudar os operadores de SMC a prever quando é provável que os actores institucionais visem zonas de liquidez. Por exemplo, a tendência dos investidores de retalho para colocarem stops em torno de níveis psicológicos (como números redondos) cria pools de liquidez atractivos para as instituições, o que pode desencadear uma cascata de stop losses.
- **Integração do calendário económico e análise do sentimento em relação às notícias** Os investidores SMC/ICT estão a incorporar cada vez mais dados do calendário económico nas suas estratégias. Os principais comunicados de imprensa, como os anúncios do PIB ou as decisões sobre taxas de juro, conduzem frequentemente à volatilidade e a novas reservas de liquidez. Ao analisar o sentimento em relação às notícias e o seu potencial impacto na psicologia do mercado, os investidores podem posicionar-se antecipadamente, captando movimentos impulsionados por respostas institucionais aos dados económicos.

6.7. Influência ESG (ambiental, social e de governação) na negociação institucional

- **Impacto dos investimentos ESG na liquidez e no fluxo de ordens institucionais** À medida que os factores ESG se tornam mais influentes, as instituições estão a alinhar cada vez mais o seu capital com empresas ou activos que cumprem critérios ambientais, sociais e de governação. Esta mudança pode influenciar a liquidez em sectores relacionados com ESG, como a energia verde ou a tecnologia sustentável, tornando-os pontos focais para as estratégias de SMC e TIC. O reconhecimento de zonas de liquidez e blocos de ordens em activos ESG permite aos investidores captar movimentos alinhados com as tendências institucionais ESG, especialmente em torno de anúncios importantes relacionados com a política climática ou alterações regulamentares.
- **Sectores emergentes e investimentos verdes** Os operadores de SMC estão a começar a adaptar as suas estratégias para capitalizar em sectores que registam influxos institucionais significativos devido a considerações ESG. Por exemplo, o sector da energia verde está a registar um interesse institucional mais elevado e, ao analisar a liquidez e o fluxo de ordens neste sector, os operadores de SMC podem antecipar melhor as tendências a longo prazo e posicionar-se ao lado do "smart money" nestes mercados emergentes.

Conclusão

O cenário em evolução do comércio de SMC e ICT é marcado por avanços tecnológicos, oportunidades de mercado em expansão e uma compreensão mais profunda dos comportamentos institucionais. Ao integrar a IA, a análise on-chain e as estratégias multiactivos, os operadores de SMC e TIC podem melhorar a precisão e adaptar a sua negociação a várias classes de activos. Além disso, o impacto crescente do ESG e o foco contínuo em estratégias baseadas em liquidez oferecem uma oportunidade única para os traders se alinharem com as mudanças institucionais e as tendências emergentes do mercado.

À medida que as estratégias SMC e ICT evoluem, os investidores que adoptarem estas novas ferramentas e conhecimentos encontrar-se-ão equipados para navegar em mercados complexos com maior precisão e confiança. Através da inovação, da educação e da aplicação destes conceitos avançados, a SMC e as TIC continuam a ser metodologias robustas, oferecendo aos investidores uma abordagem estruturada e alinhada com as instituições para captar oportunidades de mercado em todo o espetro financeiro.

Capítulo 7: Construir um plano de negociação abrangente

Introdução

- Reiterar a importância de ter um plano de negociação bem estruturado.
- Discutir o papel da disciplina e da consistência na obtenção de sucesso comercial a longo prazo.
- Explicar como o SMC e as TIC podem ser incorporados num plano comercial para melhorar o desempenho.

7.1 Definição de metas e objectivos claros

Objectivos a curto e a longo prazo

- Fornecer um guia detalhado para a definição de objectivos de negociação alcançáveis a curto e longo prazo.
- Discutir a forma de alinhar estes objectivos com a estratégia global do operador e a sua tolerância ao risco.

Quadro de definição de objectivos

- Discutir técnicas avançadas para definir e acompanhar objectivos de negociação.
- Dar exemplos de como ajustar os objectivos com base nas condições de mercado e no desempenho pessoal.

7.2 Criar uma estratégia de gestão de riscos

Avaliação dos riscos

- Fornecer um guia completo para avaliar e gerir o risco na negociação.
- Discutir como aplicar os princípios de gestão de riscos no contexto das PME e das TIC.

Dimensionamento de posições

- Discutir técnicas avançadas de dimensionamento de posições, incluindo a forma de ajustar os tamanhos das posições com base nas condições de mercado e nas configurações de negociação.
- **Estudo de caso**:
  - Análise detalhada de como o dimensionamento da posição afectou o resultado de uma transação.

7.3 Acompanhamento e ajustamento do plano de negociação

Avaliações de desempenho

- Fornecer um guia pormenorizado para a realização de avaliações regulares do desempenho.
- Discutir como utilizar as avaliações de desempenho para identificar os pontos fortes e fracos do plano de negociação.

Adaptação às mudanças do mercado

- Discutir técnicas avançadas para adaptar o plano de negociação com base na alteração das condições de mercado.
- Dar exemplos de como ajustar as estratégias de negociação em resposta à volatilidade do mercado, à liquidez e a outros factores.

Conclusão

- Resumir a importância de um plano de negociação abrangente.
- Incentivar os leitores a aperfeiçoar continuamente os seus planos com base no desempenho e nas condições de mercado.
- Sublinhar a importância da disciplina e da consistência para alcançar o sucesso comercial a longo prazo.

Conclusão geral

Resumo dos conceitos-chave

- Recapitular os principais pontos abordados no livro, incluindo os princípios de SMC e ICT, as suas aplicações práticas e a importância de um plano de negociação estruturado.
- Refletir sobre a forma como a compreensão detalhada destas estratégias avançadas pode conduzir a decisões de negociação mais informadas e bem sucedidas.

Reflexões finais sobre SMC e TIC

- Reiterar o valor de dominar estratégias de negociação avançadas como SMC e ICT.
- Discutir o potencial de sucesso a longo prazo quando estas metodologias são aplicadas com disciplina e consistência.

Incentivo à aprendizagem contínua

- Incentivar os leitores a continuar a aprender e a aperfeiçoar as suas estratégias de negociação.
- Fornecer sugestões de leitura adicional, tais como livros específicos, cursos e recursos online que aprofundem os conceitos avançados de negociação.

Referências

1. **"Trading Price Action Trading Ranges"** de Al Brooks
Um guia completo sobre a negociação de acções de preço, abrangendo estruturas de mercado e intervalos de negociação.
2. **"The New Trading for a Living"**, do Dr. Alexander Elder
Um livro clássico que explora a psicologia da negociação, a gestão do risco e as estratégias, relevantes para a SMC.
3. **"Technical Analysis of the Financial Markets"** de John J. Murphy
Este livro fornece uma base sólida nos princípios de análise técnica que sustentam as estratégias SMC.
4. **"Market Wizards"**, de Jack D. Schwager
Coleção de entrevistas com os melhores operadores, que oferecem informações sobre as suas estratégias, incluindo técnicas de smart money.
5. **"Mind Over Markets: Power Trading with Market Generated Information"** de James F. Dalton
Centra-se na definição de perfis de mercado e na compreensão do comportamento comercial institucional.

Cursos e webinars online

6. **Recursos educativos do Inner Circle Trader (ICT)**
O ICT oferece vários recursos gratuitos e pagos, incluindo vídeos e webinars que se centram nos conceitos de Smart Money.
7. **"Smart Money Concepts - Um Guia Completo"** no YouTube (vários formadores)
Muitos formadores de negociação no YouTube fornecem conteúdos gratuitos sobre o SMC, explicando os seus princípios e aplicações.

Artigos e trabalhos de investigação

8. **"The Market Structure Approach to Trading"** de Michael J. Halls
Discute a estrutura do mercado e a sua relação com a SMC.

9. **"An Empirical Analysis of Market Microstructure: Evidence from Forex Markets"** de Eric A. W. van Dijk
Fornece informações sobre a microestrutura dos mercados, relevantes para a compreensão do comportamento institucional.
10. **"Liquidity and Price Dynamics in FX Markets"**, por David L. Andolfatto
Explora a dinâmica da liquidez e o seu impacto na fixação de preços, pertinente para a negociação em SMC.

Blogues e sítios Web

11. **Blogue SMC Trading**
Um blogue dedicado à Smart Money Concepts, com artigos, análises e estudos de caso.
12. **Blogue "The Trading Coach" de Akil Stokes**
Oferece ideias e técnicas que se alinham com os princípios do SMC.
13. **"Tradeciety"**
Um sítio Web educativo sobre negociação com recursos relacionados com a negociação de acções de preços e a dinâmica do mercado.

Redes sociais e fóruns

14. **Comunidade de negociação do ICT no Discord**
O envolvimento com outros negociadores pode fornecer informações valiosas e discussões em tempo real sobre o SMC.
15. **Contas do Twitter e do Instagram de educadores de TIC**
Muitos educadores partilham ideias e exemplos de negociação ao vivo relacionados com a SMC nas plataformas das redes sociais.

Ferramentas e plataformas de negociação

16. **TradingView**
Uma poderosa plataforma de gráficos onde pode analisar a ação dos preços e praticar estratégias SMC.

17. **MetaTrader 4/5**
Plataformas de negociação populares onde os investidores podem implementar estratégias SMC utilizando ferramentas de análise técnica.

Canais do YouTube

18. **Inner Circle Trader (ICT)**
O canal oficial do ICT no YouTube apresenta uma grande quantidade de conteúdo educacional focado em SMC e estratégias de negociação.
19. **"Rayner Teo" no YouTube**
Oferece conselhos práticos de negociação e explicações sobre vários conceitos de negociação, incluindo elementos de SMC.

20. **"The Trading Coach" no YouTube**
Centra-se na psicologia da negociação e nas aplicações práticas dos princípios do smart money.

MIX
Papier aus verantwortungsvollen Quellen
Paper from responsible sources
FSC® C105338

Printed by Books on Demand GmbH, Norderstedt / Germany